COLLECTION DES GUIDES CONTY

LES MUSÉES DE PARIS ILLUSTRÉS

PARIS

LIBRAIRIE DES GUIDES CONTY

110, RUE DE RICHELIEU, 110

LIBRAIRIE ET ADMINISTRATION

110, rue de Richelieu, 110

GUIDES CONTY

PARIS EN POCHE

GUIDE PRATIQUE ET ILLUSTRÉ

SPLENDIDE ÉDITION AVEC CARTES, 2 FR. 50

Les Musées illustrés, prix : 1 fr. 50

Les Environs de Paris, prix : 1 fr. 50.

PRÉFACE

Les Musées de Paris qui ont tant d'attrait pour les Étrangers, qui renferment tout un monde de richesses et de merveilles, n'avaient pas eu, jusqu'à ce jour, de guide spécial et illustré.

Il existe bien des catalogues, mais ces recueils, qui ont le désagrément de coûter trop cher, ne vous donnent ni explications ni fil conducteur.

Nous avons donc pensé être utile à tous en publiant ce nouveau volume qui deviendra l'annexe obligé de notre guide à Paris **Paris en poche.**

H.-A. DE CONTY.

Auteur et seul propriétaire des Guides-Conty.

N° 1138. Apparition de la Vierge à saint Luc et à sainte Catherine. [A. Carrache, grande galerie.]

LES MUSÉES

MUSÉE
ET
PALAIS DU LOUVRE

PALAIS DU LOUVRE. — Le palais actuel du Louvre, commencé par François Ier en 1541, remplace une tour qui fut construite en 1204 par Philippe-Auguste.

Continué par plusieurs rois ses sucesseurs, le Louvre, habité notamment par Catherine de Médicis, Charles IX, et Louis XIII, était resté inachevé et menaçait ruine, lorsque vint Napoléon Ier, qui, en 1805, en ordonna la restauration ; mais le temps lui manqua pour terminer son œuvre grandiose.

Louis XVIII, Charles X et Louis-Philippe firent peu ou plutôt ne firent rien pour ce palais, que l'Empereur Napoléon III fit terminer complétement, d'après les plans de l'architecte Visconti.

L'inauguration du nouveau Louvre a eu lieu le 14 août 1857 ; les travaux avaient été commencés en 1852 et ont coûté 75 millions. C'est dans ce palais moderne que se trouve la *nouvelle salle des États*, où se faisait, sous l'empire, l'ouverture des Chambres.

MUSÉE DU LOUVRE. — Le Musée du Louvre est ouvert tous les jours au public, à **l'exception du lundi** :

L'été, c'est-à-dire du 1er avril au 1er octobre, de **9** heures à **5** heures, et **l'hiver**, de **10** heures à **4** heures.

Riches et précieuses collections de peintures, de sculptures et d'antiquités égyptiennes, assyriennes, grecques, étrusques, etc., etc.

Le palais du Louvre, réuni aux Tuileries depuis 1859, renferme, dans ses vastes galeries, les plus riches collections du monde entier.

Voici la place qu'elles occupent en ce moment :

Au rez-de-chaussée. — *Sculptures et collections archéologiques,* comprenant : *les musées assyrien et de l'Asie Mineure, — les musées égyptien et algérien, — le musée du moyen âge et de la Renaissance, — le musée des sculptures modernes, le musée des gravures ou chalcographies et celui de sculptures antiques,* (*Voir page 45*).

Au premier étage. — *Le musée de peinture, les bijoux, les émaux, — le musée des antiquités grecques, étrusques, et égyptiennes, — le musée Campana, — le musée des faïences, — le musée des dessins, — le musée Sauvageot et le musée des bronzes antiques.* (*Voir page 9.*)

Au second étage. — *Le musée de la marine suivi des musées chinois, japonais, et ethnographique plus trois nouvelles salles, auprès du musée naval, annexes du musée de peinture, renfermant de magnifiques toiles des écoles flamande et hollandaise* (*Voir page 57.*)

Nota. — Le Musée du Louvre étant un véritable dédale, nous engageons les étrangers porteurs de notre guide à suivre, à la lettre, notre *Itinéraire* méthodique, qui leur permettra de visiter le Louvre, en une journée.

Nota. — *L'entrée des Musées qui avait lieu, avant la guerre, par le* Pavillon Denon, *Nouveau Louvre, se trouve aujourd'hui,* mais provisoirement, *sous l'horloge de la Cour d'honneur du Louvre :* Pavillon Sully.

La cour de l'Horloge.

RENSEIGNEMENTS INDISPENSABLES

POUR LA VISITE DES MUSÉES DU LOUVRE.

Le Musée du Louvre renferme une quantité considérable de musées, tous des plus curieux; aussi engageons-nous les véritables amateurs à consacrer au moins deux journées à la visite des différentes salles, savoir :

Première journée. — Visite aux galeries et collections des 1er et 2e étages.

Deuxième journée. — Visite aux galeries du rez-de-chaussée. Sculptures antiques, modernes, de la Renaissance et musées égyptien et assyrien.

Les voyageurs pressés pourront, grâce à notre itinéraire, visiter le Louvre en une journée.

Note importante. — Au lieu de commencer notre visite par les musées de sculptures du rez-de-chaussée, nous vous conduirons directement au 1er étage : musée de peintures, sauf à vous faire revenir ensuite au rez-de-chaussée.

Renseignements. — Le catalogue général ou fractionné du Musée de peintures, coûtant assez cher, vous pourrez, grâce à notre travail, vous dispenser d'en faire l'achat.

L'important, pour bien vous reconnaître, est que vous *sachiez* que les tableaux ont été classés, d'après le catalogue, en trois parties :

1° *Écoles italienne et espagnole,* portant des Nos **rouges** ;
2° *Écoles allemande et hollandaise,* portant des Nos **bleus** ;
3° *École française,* portant des Nos **noirs**.

Ainsi, pour savoir *à quelle école* appartient le tableau que vous regardez, il vous suffira de consulter la couleur des numéros.

GALERIES DES 1er ET 2e ÉTAGES

PEINTURES, ANTIQUITÉS, DESSINS, MUSÉES DE LA MARINE, CHINOIS, ETC., ETC.

NOTA. — Vous rendre au Louvre par la rue de Rivoli, passer sous le pavillon Marengo, en face de la rue de Marengo ; et une fois dans la Cour, vous diriger à droite, pavillon Sully, où est l'horloge.

Itinéraire. — On pénètre, provisoirement, dans le musée de peintures situé au 1er étage par le *Pavillon Sully*, cour d'honneur du Louvre; l'escalier Henri II, conduisant au Musée, se trouve à gauche de l'horloge à l'entrée de la voûte ; on gravit 64 marches pour arriver au 1er étage, en face d'un buste.

De ce point, tourner à droite et passer sous une porte verte servant d'entrée au *Musée La Caze.*

La salle par laquelle on pénètre dans le Musée renferme une riche et belle collection de tableaux que M. Louis La Caze a généreusement donnée au Gouvernement. On y remarque :

MUSÉE LACAZE

ÉCOLE D'ITALIE

1. Le Christ assis sur les nuages **Paul Véronèse.**
5. La Ronde d'amours.......... **Giordano (Luca).**
6. La Chasse de Diane.......... Id.
7. Le Mariage de la Vierge..... Id.
8. Adoration des Mages......... Id.
9. Tarquin et Lucrèce.......... Id.
14. Adoration des Mages........ **Bassano.**
16. Suzanne au bain............. **Tintoretto.**
17. La Vierge et l'enfant Jésus.... Id.
21. Vénus et Adonis.............. **Romanelli.**
23. Sainte Famille.............. **Le Titien.**

1.

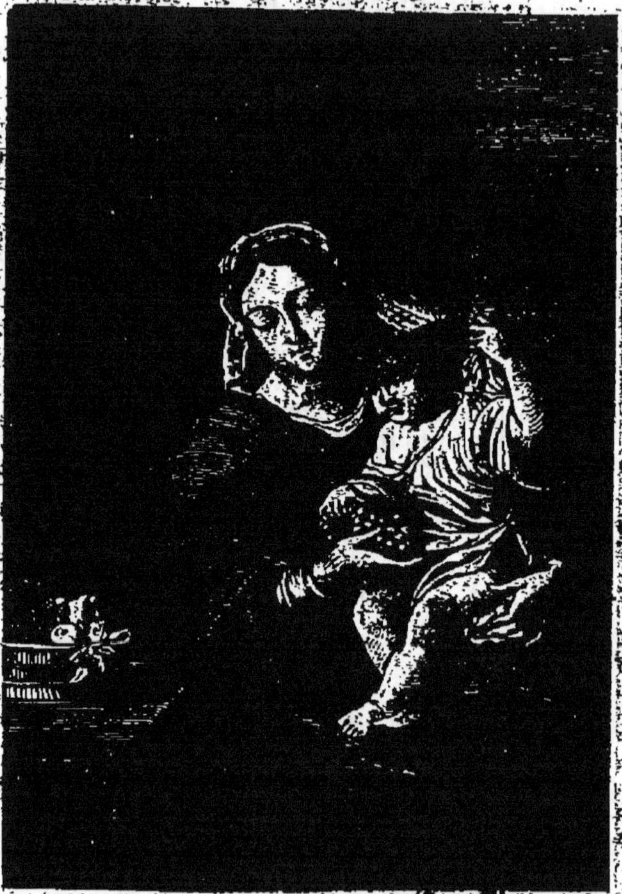

N° 349. La Vierge au raisin. (Mignard, 2e galerie française).

Voir page 25.

ÉCOLE ESPAGNOLE

28. Portrait du poète Quevedo... Murillo.
29. Portrait du duc d'Ossuna.... Id.
31. La Vierge et l'enfant Jésus.. Ribera.
32. Le Pied-bot.................. Id.
37. Portrait de l'infante Marie-Thérèse, plus tard reine de France.................. Velasquez.
38. Portrait de Philippe IV...,... Id.

ÉCOLES ALLEMANDE, FLAMANDE ET HOLLANDAISE

40. Paysage..................... Artois (Jacob van).
42. Intérieur de cabaret......... Brauwer (Adrian).
45. Le Fumeur................... Id.
50. Le Prévôt des marchands et les échevins de la ville de Paris...................... P. de Champaigne.
51. Portrait de J.-A. de Mesme président à Mortier au Parlement de Paris............. Id.
54. Vieillard lisant.............. Gérard Dow.
55. Tête de vieillard............ Dyck (Ant. van).
57. Le martyre de St-Sébastien.. Id.
58. Portrait de femmes. .... Id.
65. La Bohémienne.............. Hals.
82. Le Buveur.................. Ostade (Adrien van).
83. Le Liseur.................. Id.
84. La Lecture .... Id.
85. La Lecture de la gazette.... Id.
86. Intérieur de cabaret....... Id.
87. Intérieur d'école........... Id.
88. Scène d'intérieur.......... Ostade (Isack van).
90. Scène d'intérieur.......... Id.
91. Paysage................... Id.
96. Femme au bain............ Rembrandt.
97. Baigneuse................. Id.
100. Portrait de Marie de Médicis. Rubens.
101. Sacrifice d'Abraham........ Id

103. L'Élévation en croix........ Id.
104. Le Couronnement de la Vierge Id.
107. Job tourmenté par les démons Id.
116. La Poissonnerie............ **Snyders.**
117. La Marchande de gibier..... Id.
118. Le Cerf à l'eau............. Id.
124. Kermesse................... **Téniers (D. le j.).**
126 à **129.** Intérieur de tabagie.. Id.
128. Fête villageoise............ Id.
130. Tentation de Saint Antoine... Id.
134. Les Joueurs de boule........ Id.
139 à **142.** Paysages............ Id.
145. La Leçon de lecture........ **Terburg.**
152. Les Pèlerins................ **Wouvermans.**

ÉCOLE FRANÇAISE

161. Vénus chez Vulcain......... **Boucher.**
162. Les Trois Grâces........... Id.
164. Les Forges de Vulcain....... Id.
165. Portrait de jeune femme..... Id.
170. Le Bénédicité............... **Chardin.**
171. Le Château de cartes....... Id.
172. Le Singe peintre........... Id.
173 à **184.** Fruits, ustensiles, objets divers............. Id.
187. Démocrite.................. **Coypel.**
189. Portrait de Bailly (ébauche). **David.**
190. Femme à sa fenêtre........ **Drolling.**
191. Joueur de violon........... Id.
193. L'Heure du berger.......... **Fragonard.**
194. Les Baigneuses............. Id.
195. Bacchante endormie......... Id.
196. La Chemise enlevée......... Id.
197. La Musique................. Id.
198. L'Etude.................... Id.
201. Jeune femme................ Id.
202. L'Orage.................... Id.
205. Marie Louise............... **Gérard.**

206. Tête de jeune fille.......... **Greuze.**
207. Danaë.......................... Id.
210. Portrait de Greuze.......... Id.
212. Le Gascon puni............. **Lancret.**
214. La Cage....................... Id.
218. Portrait de jeune femme en Diane....................... **Largillière.**
225. Hercule et Omphale.......... **Lemoyne.**
226. L'Education de l'Amour...... Id.
232. Portrait de l'une des filles de Louis XV, en Vestale...... **Nattier.**
235. La Toilette.................... **Pater.**
236. Conversation dans un parc... Id.
237. La Baigneuse................. Id.
240. Les Trois Grâces............. **Regnault (J.-B.)**
241. Portrait du cardinal de Polignac...................... **Rigaud.**
242 à 245. Portraits divers...... Id.
252. Tête de femme............... **Troy.**
255. Effet de neige .... **Vanloo (César).**
259. La Chaste Suzanne.......... **Vouet.**
260. Gilles.......................... **Watteau.**
261. L'Indifférent.................. Id.
262. La Finette .... Id.
265. Le Jugement de Pâris........ Id.
268. Jupiter et Antiope........... Id.
275. Portrait de Louis La Caze peint par lui-même............. **La Caze.**

A l'extrémité du musée La Caze, la salle dans laquelle on pénètre est la salle Henri II; on y admire des toiles de *Coypel, Vanloo, Boucher* et *Prud'hon*, etc.

Cette pièce communique avec la salle des Sept-Cheminées.

Salle des Sept-Cheminées. — Collection des chefs-d'œuvre de l'École française moderne (numéros noirs).

Salle des Sept-Cheminées.

N° 242. Le Radeau de la Méduse, par Géricault. (Voir page 15.)

Citons parmi les plus remarquables :

Numéros.		Noms des peintres
148.	Les Thermopyles	David.
149.	L'Enlèvement des Sabines	Id.
159.	Le Pape Pie VII	Id.
189.	Marius à Minturnes	Drouais.
236.	Psyché et l'Amour	Gérard.
242.	Le Radeau de la Méduse	Géricault.
243.	Officier de chasseurs à cheval	Id.
244.	Cuirassier blessé	Id.
250.	Le Déluge	Girodet.
251.	Endymion	Id.
252.	Atala	Id.
256.	Intérieur de l'église Saint-François d'Assise	Granet.
274.	Les Pestiférés de Jaffa	Gros.
275.	Le Champ de bataille d'Eylau	Id.
277.	Retour de Marius-Sextus	Guérin.
279.	Phèdre et Hippolyte	Id.
280.	Andromaque et Pyrrhus	Id.
282.	Clytemnestre	Id.
458.	L'Assomption	Prudhon.
459.	La Justice et la Vengeance poursuivant le Crime	Id.
466.	L'Éducation d'Achille	Regnault.

De la salle des Sept-Cheminées, au lieu de vous diriger à gauche, du côté du tableau du Déluge, de Girodet (entrée du Musée grec, Égyptien et Campana), dirigez-vous en sens inverse et passez sous le tableau représentant Andromaque, portant le nº 280; vous vous trouverez alors dans la SALLE DES BIJOUX, de la collection Campana.

Salle des Bijoux. — Précieuse collection de bijoux anciens provenant de fouilles. Le plafond représente le Temps, sur des ruines, découvrant des chefs-d'œuvre; dans la voussure, une Aurore pleine de fraîcheur (Mauzaisse).

De cette salle, on arrive dans un vestibule, en forme de rotonde, où se trouve une belle mosaïque au milieu de laquelle s'élève un grand vase en marbre blanc.

Détournez à gauche et pénétrez dans la galerie d'Apollon par une superbe porte en fer forgé.

Galerie d'Apollon. — La galerie d'Apollon, œuvre du peintre Lebrun (XVIIe siècle), restaurée par Duban, est une des merveilles du musée. La peinture de la coupole, d'Eugène Delacroix, représente Apollon vainqueur du serpent Python. Viennent ensuite l'Aurore (*Muller*), l'Étoile du matin (*Renou*), la Nuit (*Lebrun*); puis le Printemps, l'Été, l'Automne et l'Hiver.

Remarquez surtout les portraits encadrés des principaux peintres, sculpteurs et architectes célèbres, portraits exécutés en tapisserie des Gobelins, imitant, à s'y tromper, la plus fraîche peinture.

Au centre, le portrait de Louis XIV.

Au milieu de cette galerie, cinq tables magnifiques, dont trois couvertes de vitrines, où l'on a réuni des objets précieux, verreries, vases, etc.

Vitrines à droite et à gauche des murs, contenant des émaux et objets du plus grand prix.

A l'extrémité de la galerie d'Apollon, jetez un coup d'œil sur des vitrines où l'on a recueilli des objets historiques qui faisaient, avant 1870, partie du musée des Souverains :

A droite, l'armure du roi Henri II.

A gauche, épée et éperons de l'empereur Charlemagne, — sceptre à l'effigie de Charlemagne; bague de saint Louis (Louis IX), fermail du manteau de saint Louis.

Reliquaire du XIVe siècle : Bouclier et casque de Charles IX ; main de justice des rois de la 3e race ; et à côté, une table de marbre sur laquelle est incrustée, en mosaïque, la carte de France en 1684.

Salon carré. — Le salon carré fait suite, à droite, à la galerie d'Apollon. C'est là que sont réunis les chefs-d'œuvre de peinture de toutes les écoles anciennes.

Citons parmi les plus remarquables :

Numéros		Noms des Peintres.
27.	Le Mariage mystique de Ste-Catherine d'Alexandrie....	**Le Corrége.**
28.	L'Antiope....................	Id.
34.	Un concert..................	**Le Caravage.**
48.	La Résurrection de Lazare....	**Le Guerchin.**
79.	Le Christ sur son linceul....	**P. de Champaigne.**
87.	Portrait du cardinal de Richelieu....................	Id.
103.	Les noces de Cana..........	**Paul Véronèse**
104.	Repas chez le Pharisien......	Id.
121.	La Femme hydropique.......	**Gérard Dow.**
138.	Apparition de la Vierge à St-Luc et à Ste-Catherine.....	**A. Carrache.**
142.	Charles Ier, roi d'Angleterre..	**Van Dyck.**
162.	La Vierge au donataire......	**Jan Van Dyck.**
242.	La fille d'Hérodiade.........	**Luini.**
254.	L'enfance de Jupiter.........	**Jordaens.**
293.	Cavalier courtisant une jeune dame....................	**Metsu.**
301.	Descente de croix..........	**Jouvenet.**
337.	L'enlèvement de Déjanire....	**Guido Reni.**
349.	Suzanne au bain............	**Le Tintoret.**
370.	Le Maître d'école...........	**Van Ostade.**
375.	La Vierge, dite la belle jardinière....................	**Raphaël.**
376.	La Vierge et l'enfant Jésus..	Id.
377.	Une sainte Famille..........	Id.
382.	St-Michel terrassant le démon.	Id.

N° 546. — Conception immaculée de la Vierge, par Murillo.
(Salon carré, I. Vol. page 10.)

410. Portrait de femme..........	**Rembrandt.**
432. Thomyris faisant plonger la tête de Cyrus dans un baquet rempli de sang.......	**Rubens.**
438. L'enfant Jésus et St-Jean.....	**André del Sarte.**
453. Paysage..........................	**Nicolas Poussin.**
460. Portrait d'Hélène Fourment. seconde femme de Rubens, et de deux de ses enfants.	**Rubens.**
465. Ensevelissement du Christ....	**Le Titien.**
471. Portrait d'une jeune femme à sa toilette.................	Id.
477. Portrait de Bossuet..........	**Rigaud.**
481. La Vierge, l'enfant Jésus et Ste-Anne..................	**L. de Vinci.**
484. La Joconde..................	Id.
546 *bis* Immaculée Conception...... Tableau payé 615.300 francs.	**Murillo.**
548. La Vierge de Séville.........	Id.
553. L'Adoration à la crèche.......	**Ribera**
Sans n°. Portrait d'un inconnu.....	**A. de Messine.**

Du salon carré, vous plaçant en face du tableau des *Noces de Cana*, prenez à droite et passant sous la grande porte encadrée de noir, et surmontée du portrait de Bossuet, n° 477, entrez dans la *Grande Galerie*.

Nota. — Avoir bien soin de suivre la grande galerie sans vous préoccuper d'un salon ouvert, placé sur votre droite et que vous visiterez ultérieurement.

Grande Galerie. — La grande galerie qui relie aujourd'hui le Louvre aux Tuileries et qui communique, vers son centre à droite, à la belle salle des États, contient les chefs-d'œuvre des Écoles *Italienne, Espagnole, Allemande, Flamande et Hollandaise.*

1° ÉCOLE D'ITALIE DEPUIS LE XIIIe SIÈCLE.

Numéros		Noms des Peintres.
81.	Lazare ressuscité	**Bonifazio.**
107.	Le Repas d'Emmaüs...............	**Paul Véronèse**
108.	Un portrait........................	Id.
174.	Une Madone	**Cimabue.**
209.	St-François d'Assise...............	**Giotto.**
214.	La Vierge couronnée..............	**Fiesole.**
214.	*bis.* Adoration de l'Enfant Jésus..	**Spagna.**
234.	Vierge et Saints..................	**Lippi.**
240.	Une Sainte-Famille................	**Luini.**
285.	L'Intérieur de l'église St-Pierre de Rome............................	**Panini.**
292.	Jésus crucifié......................	**Francia.**
389.	Une Madone, d'après	**Raphaël.**
453.	La Visitation.......................	**Vasari,**
464.	La Couronne d'épines.............	**Le Titien.**
474.	Un portrait......................	Id.
494.	Ste-Cécile........................	**Le Dominiquin**

2° TABLEAUX ITALIENS ET ESPAGNOLS

67.	Une Madone	**Batoni.**
113.	Venise.............................	**Canaletto.**
138.	Apparition de la Vierge..........	**A. Carrache.**
326.	Le Christ et St-Pierre............	**Le Guide.**
328.	Un Ecce Homo.....................	Id.
329.	Madeleine pénitente	Id.
332.	St-Sébastien.......................	Id.
347.	David et Goliath, par..........	**D. de Volterre.**
360.	Paysage	**Salvator Rosa**
372.	Madone..........	**S. Ferrato.**
546.	Une Vierge.........................	**Murillo.**
546.	*bis.* La Cuisine des Anges.........	Id.
546.	*ter.* La Naissance de la Vierge....	Id.
547.	La Vierge au chapelet............	Id.
551.	Petit mendiant	Id.
555.	Portrait de Marguerite-Thérèse, femme de l'Empereur Léopold Ier.	**Velasquez.**

Au centre de la galerie, tableau à deux faces, sur chevalet,

3° — TABLEAUX DES ÉCOLES ALLEMANDE, FLAMANDE ET HOLLANDAISE

Numéros		Noms des peintres
137.	Une Madone	Van Dyck.
143.	Les enfants de Charles Ier	Id.
147.	Un portrait	Id.
152.	Portrait du peintre	Id.
153.	Portrait d'homme	Id.
154.	Portrait d'homme	Id.

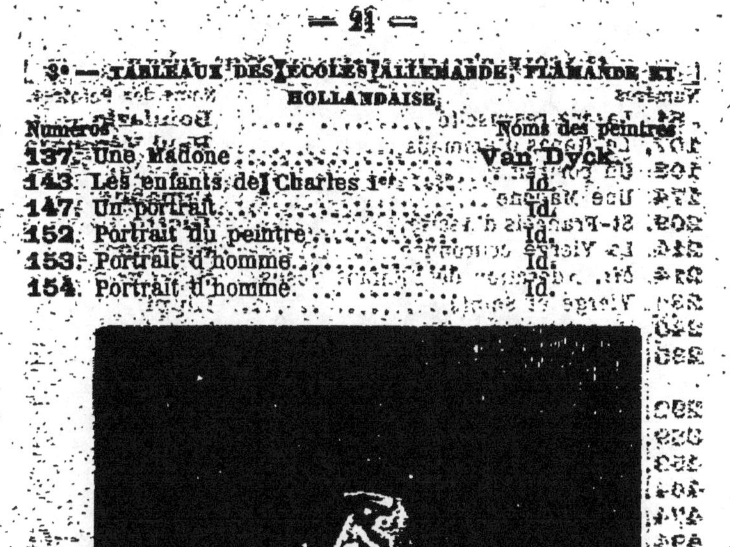

206.	Portrait de Kratzer, astronome	Holbein, le jeune.
207.	Portrait de Warham, archevêque de Cantorbéry	Holbein.
208.	Portrait de Didier Erasme	Id.

N° 142. Charles Ier, roi d'Angleterre, par Van Dyck.
Voir Salon carré, page 17.

253.	Les quatre Evangélistes........	**Jordaens.**
255.	Le Roi boit..........................	Id.
256.	Le Concert..........................	Id.
279	Un Changeur........................	**Quentin Messys.**
400.	Bœufs et moutons................	**Paul Potter.**
412.	Portrait de Rembrandt..........	**Rembrandt.**
413.	**414, 415, 416** et **417**. Tableaux remarquables par............	Id.
425.	Départ de Loth....................	**Rubens.**
434.	à **455**. Tableaux dits la galerie de Marie de Médicis..........	Id.
456.	Portrait de Jeanne d'Autriche, mère de Marie de Médicis....	Id.
458.	Portrait du baron de Vicq, ambassadeur....................	Id.
459.	Portrait d'Elisabeth de France, femme de Philippe IV, roi d'Espagne....................	Id.
470.	La Forêt............................	**Ruysdaël.**
514.	La Tentation de Saint-Antoine.	**D. Téniers,** jeune.
527.	La Leçon de musique..........	**Terburg.**
528.	Le Concert..........................	Id.
572.	Choc de cavalerie................	**Wouwermans.**

De l'extrémité de la grande galerie, revenez sur la gauche vers une porte que surmonte un tableau oblong représentant deux religieuses, n° 83.

Vous entrez alors dans la salle des peintures anciennes de l'école de Clouet.

Viennent ensuite les trois salles consacrées aux peintures de *Lesueur* et de *Joseph Vernet*, et qui vous conduisent par un couloir, peint en vert, aux salles de la peinture française.

N° 387. — La chasse au loup, par Oudry, 2ᵉ galerie française. (Voir page 20)

1re galerie française. — On y remarque notamment :

Numéros		Noms des peintres.
62.	Le Christ aux Anges	**Brun (le).**
66.	La Madeleine repentante	**Lebrun.**
222.	Port de mer	**Claude Lorrain**
223.	Cléopâtre à Tarse.............	Id.
225.	Port de mer	Id.
297.	La pêche miraculeuse...........	**Jouvenet.**
298.	Lazare ressuscité	Id.
349.	La Vierge au raisin	**Mignard.**
351.	Un Ecce homo...................	Id.
352.	Une tête de la Vierge de douleurs.	Id.
354.	Sainte Cécile....................	Id.
415.	Rebecca et Eliézer.............	**Poussin.**
422.	Le jugement de Salomon.........	Id.
432.	Saint Jean baptisant le peuple sur les bords du Jourdain.........	**Poussin.**
435.	L'enlèvement des Sabines.......	Id.
445.	Les bergers d'Arcadie..........	Id.
446.	Le Temps soustrait la Vérité aux atteintes de l'Envie et de la Discorde.....................	Id.
475.	Portrait de Louis XIV...........	**Rigaud.**
476.	Portrait de Philippe V, roi d'Espagne	Id.
496.	La chaste Suzanne.............	**Santerre.**
515.	Tobie et son fils................	**Sueur (le).**
518.	Mise au tombeau................	Id.
519.	Jésus et la Madeleine	Id.
520.	Saint Gervais et Saint Protais ...	**Sueur (le).**
521.	La Prédication de Saint-Paul à Ephèse	Id.
566.	Le Christ à la Colonne	Id.
584.	Le Jugement rendu par Salomon.	**Valentin.**
642.	La Vierge, l enfant Jésus et Saint Jean............................	**Vouet.**

N° 493. — Les Moissonneurs, par Léopold Robert, 2me galerie française (Voir page 29.)

Salon Denon. — Vient ensuite le magnifique salon Denon, resplendissant de dorures, où l'on admire quatre toiles de Lebrun, savoir :

Nos **70** Le passage du Granique par Alexandre-le-Grand ;
71 La bataille d'Arbelles;
73 Alexandre et Porus;
74 Entrée d'Alexandre à Babylone.

Le plafond, décoré d'une manière brillante, est orné, dans ses voussures, de quatre grandes peintures historiques représentant *Saint-Louis*, *François 1er*, *Louis XIV* et *Napoléon Ier*.

Nota. — Dans ce salon, trois grandes portes, avec tentures de velours vert, communiquent avec l'ancienne salle des États.

On passe, de là, dans la deuxième galerie de l'école française.

2e galerie française. — On y remarque notamment:

Numéros		Noms des peintres.
25.	Vénus sollicitant Vulcain, pour avoir des armes pour Énée....	**Boucher.**
28.	Bergers et Bergères	Id.
29.	Bergers et Bergères	Id.
82.	Mme Lebrun et sa fille...........	**Mme Lebrun.**
146.	Esther devant Assuérus..	**Coypel.**
150.	Le serment des Horaces	**David.**
154.	Pâris et Hélène................	Id.
160.	Portrait de Mme Récamier.......	Id.
168.	Chiens en arrêt............... .	**Desportes.**
169.	Sujet dans le même genre......	Id.
186.	Intérieur d'une cuisine..........	**Drolling.**
235.	L'entrée d'Henri IV à Paris......	**Gérard.**
237.	Daphnis et Chloé..	Id.

Salle des Sept-Cheminées.

149. L'Enlèvement des Sabines, par David. (Voir page 15).

260. L'Accordée de village............ **Greuze.**
261. La malédiction paternelle........ Id.
262. Le fils puni.................... Id.
263. La cruche cassée................ Id.
276. François Ier et Charles-Quint qui visitent les tombeaux de l'église Saint-Denis.......... **Gros.**
281. Énée racontant à Didon les malheurs de Troie................ **Guérin.**
321. Brutus conduisant ses fils à la mort........................ **Lethière.**
326. Mariage de la Vierge............ **Vanloo (Carle).**
329. Déjeuner à la chasse............ Id.
330. Portrait de Marie de Leczinska, femme de Louis XV.......... Id.
387. Chasse au loup.................. **Oudry.**
457. Le Christ sur la croix.......... **Prud'hon.**
469. Jésus guérissant un paralytique.. **Restout.**
493. Les Moissonneurs................ **Léopold Robert.**
494. La Madone de l'Arc.............. Id.
499. Une Courtisane.................. **Sigalon.**
506. Martyre de Saint-Hippolyte....... **Subleyras.**
513. Tentation d'un religieux......... Id.
577. La reine Leczinska.............. **Tocqué.**
633. Une chasse...................... **Vernet (Carle).**
639. Zeuxis choisissant pour modèles les plus belles filles de Crotone. **Vincent.**
Sans n° La toilette d'Esther............ **de Troy.**

A l'extrémité de la galerie française, près du tableau des Moissonneurs, vous trouverez une porte verte, sortez sur un palier et de là, détournez à droite, au lieu de descendre l'escalier.

Une porte verte s'ouvre dans la salle de sept Mètres, où se trouve un choix de tableaux de l'ancienne École italienne.

Galerie de sept Mètres (*École italienne.*)

Numéros		Noms des peintres.
43	Une Madone.................	Giorgione.
65	La Vierge, sainte Catherine et plusieurs Saints..........	Baccio della Porta.
88	Vertumne et Pomone........	Bordone.
89	Portrait....................	Titien.
95	Portrait....................	Jean de Calcar.
99	L'évanouissement d'Esther....	Paul Véronèse.
173	La Vierge et des Saints.....	Conegliano.
186	Portrait....................	Raphaël.
241	La Vierge et l'enfant Jésus endormi..................	Luini.
251	Le Parnasse.................	Mantegna.
252	Les Vices vaincus par la Sagesse..................	Id.
277	Adoration par les bergers ...	Palma Vecchio.
285	Portrait d'un jeune homme..	Raphaël.
379	Sainte Marguerite...........	Id.
385	Portrait....................	Id.
437	La Charité..................	André del Sarte.
459	Une sainte Famille..........	Titien.
460	La Vierge et l'enfant Jésus..	Id.
469	Portrait de François Ier.....	Id.
470	Portrait d'Alphonse d'Avalos, marquis de Guast, et de sa maîtresse...............	Id.
472	Portrait....................	Id.
480	Saint Jean-Baptiste.........	Léonard de Vinci
482	La Vierge, l'Enfant Jésus, saint Jean, un Ange...........	Id.
483	La belle Ferronnière........	Id.

De la galerie de sept Mètres, qui vous ramène à la grande galerie, suivre à gauche et non à droite, et revenir dans le salon carré; et au lieu de suivre en face de vous la galerie d'Apollon, sortir à gauche et passer sous le tableau n° 434 du Poussin.

Deux salles sont à traverser : la SALLE DES FRESQUES, belles peintures à fresque par *Luini*, puis l'ancienne SALLE DES BIJOUX, avec colonnes, où se trouvent des tombeaux anciens et un vase énorme trouvé à Troesmi.

De cette dernière salle, on arrive sur un palier où se trouvent la statue, en bronze, de la Victoire, de Brescia, et des statuettes.

Descendre sept marches, en monter autant, et revenir dans le musée par la porte verte à droite, qui vous ramène à la salle rotonde du vase de marbre blanc.

Dans cette salle, laisser à votre droite la galerie d'Apollon et revenir directement dans la salle des sept cheminées.

Note importante. — Si vous êtes fatigué, ou si l'heure est avancée, remettre la suite de votre visite au lendemain, et redescendre dans la cour du Louvre par le musée La Caze, placé à votre gauche.

Si, au contraire, votre intention est de voir le musée en une seule journée et au grand complet, suivre à la lettre l'itinéraire ci-après.

Nota. — Notre itinéraire a été préparé de manière à pouvoir satisfaire aux deux combinaisons.

N° 28. Le Sommeil d'Antiope, par Le Corrège.

Voir Salon carré, page 17.

2e JOURNÉE

OU SUITE DE L'ITINÉRAIRE POUR LES PERSONNES QUI NE PEUVENT DISPOSER QUE D'UNE SEULE JOURNÉE

Dans la salle des Sept-Cheminées où vous vous trouvez, deux portes parallèles vous sont ouvertes, l'une à droite surmontée du tableau de la *Clytemnestre* n° 280, l'autre à gauche dominée par le tableau du *Déluge* n° 250. La dernière de ces deux portes, *celle de gauche*, vous conduit dans les musées d'antiquités *Grecques*, *Romaines* et *Egyptiennes*; la première, celle de droite, vous mène dans le *Musée Campana*. Ces deux galeries correspondent entre elles.

Explications pour les visiteurs qui suivront à gauche.

MUSÉE GREC ET ÉGYPTIEN

1re salle (plafond) : Apothéose d'Homère.

2e salle (plafond) : Le Vésuve recevant de Jupiter le feu qui doit consumer Pompéï et Herculanum.

3e salle (plafond) : les Nymphes de Parthénope, portant leurs pénates, arrivent aux bords de la Seine.

Explications pour les visiteurs qui suivront à droite.

MUSÉE CAMPANA

1re salle (plafond) : le cardinal Richelieu présentant le Poussin à Louis XIII. (*Alaux.*)

2e salle (plafond) : la bataille d'Ivry gagnée par Henri IV. (*Steuben*).

3e salle (plafond) : le Puget présentant son Milon de Crotone à Louis XIV. (*Devéria.*)

4e salle (plafond) : Cybèle protégeant Herculanum et Pompéï contre les feux du Vésuve.

5e salle (plafond) : Mars couronné par la Victoire et arrêté par la Modération, etc.

6e salle (plafond) : l'Etude et le Génie dévoilant l'Egypte à la Grèce.

7e salle (plafond) : l'Egypte sauvée par Joseph.

8e salle (plafond) : Jules II donnant des ordres pour la construction de Saint-Pierre de Rome à Bramante, à Michel-Ange et à Raphaël.

9e salle (plafond) : le Génie de la France encourageant les arts et prenant la Grèce sous sa protection. Dans cette salle est le portrait de Champollion jeune. Cette dernière salle, contenant les collections égyptiennes communique, par un palier, avec l'ancien musée des Souverains.

4e salle (plafond) : le Primatice reçu par François Ier à son retour d'Italie. (*Fragonard.*)

5e salle (plafond) : la Renaissance des arts en France et Scènes de l'histoire de France depuis Charles VIII jusqu'à Henri II. (*Heim.*)

6e salle (plafond) : François Ier armé chevalier par Bayard. (*Fragonard.*)

7e salle (plafond) : Charlemagne recevant les livres d'Alcuin. (*Schnetz.*)

8e salle (plafond) : les Etats de Tours proclament Louis XII comme père du peuple. (*Drolling.*)

9e salle (plafond) : l'expédition d'Egypte. (*Cogniet.*) C'est dans cette salle que se trouvent les dessins italiens. Cette salle est en communication, à gauche, avec la dernière salle ci-contre.

Note importante. — Les visiteurs qui voudront voir dans son entier le **Musée Campana,** devront revenir sur leurs pas jusqu'à la salle des **Sept-Cheminées**, et de là, retourner par le côté opposé à leur point de départ.

Aux voyageurs pressés. — Au lieu de revenir dans le Musée Campana, franchir la porte placée au fond de la salle de l'ancien musée Charles X et, sur un palier où sont des statues et tombes égyptiennes, détourner à gauche, pour pénétrer dans les salles aboutissant à l'ancien Musée des Souverains.

Salles précédant l'ancien musée des souverains.

Vestibule d'entrée. — Plafond orné de médaillons dorés et de peintures. Au-dessus de la cheminée, le portrait d'Anne d'Autriche ; en face, celui de Louis XIII, son époux ; cinq grands vases en porcelaine de Sèvres.

1re salle où est une alcôve à demi-fermée, plafonds dorés, portraits de Henri IV et de Marie de Médicis, sa seconde femme.

2e salle où était la chapelle de l'ordre du Saint-Esprit, fondé par Henri III (1578). Portrait de Henri II, tentures en soie de la même époque, lambris dorés. L'*Abondance*, statue en argent massif, donnée par la ville de Paris à Napoléon Ier.

3e salle (ancienne salle de la Monarchie). — Au milieu est la statue en argent de *Henri IV* enfant (par Bosio), en outre on y voit deux selles orientales.

4e salle consacrée, avant la guerre de 1870, aux souvenirs de Napoléon Ier. Deux seuls souvenirs : son banc de bois provenant de Sainte-Hélène et sa statue, en élève de l'école de Brienne.

Après ces quatre salles qui n'ont plus aujourd'hui grand intérêt, on traverse trois pièces vides, actuellement en réparations. Ces pièces conduisent sur un palier où se trouve un grand vase ; *détournez à gauche* et non à droite, pour arriver au *Musée de la Renaissance.*

Nota. — En suivant l'escalier de droite vous arriveriez au Musée Egyptien, au rez-de-chaussée, qui vous donnerait une sortie.

Dans le vestibule du musée de la Renaissance, tableaux de terres cuites et de grès peints.

Important. — C'est dans cette pièce que se trouve à droite un petit escalier conduisant (2e étage) :

1° *Aux musées de la Marine, Chinois, Japonais et ethnographique ;*

2° *Aux nouvelles salles de l'école Flamande et Hollandaise.*

Si vous voulez visiter ces galeries, montez cinquante-cinq marches et parcourez au deuxième étage, à gauche, d'abord, les salles supplémentaires de peinture, puis à droite, les musées de la Marine, Chinois, Japonais et ethnographique, en ayant soin surtout de redescendre par le même escalier, car il est nécessaire, pour ne rien perdre du musée, que vous reveniez à votre point de départ.

N° 484. La Joconde. (Page 19.)

Nota. — Les visiteurs qui ne voudront pas monter au deuxième étage, devront, pour la suite du présent itinéraire, se reporter à la page 40, Musée de la Renaissance.

GALERIES DU DEUXIÈME ÉTAGE

SALLES COMPLÉMENTAIRES DE PEINTURES, MUSÉES DE LA MARINE, CHINOIS, JAPONAIS ET ETHNOGRAPHIQUE

PREMIÈRE SALLE

Numéros		Noms des Peintres.
78	Le Christ en croix..........	**P. de Champaigne.**
101	Adoration de l'Enfant Jésus..	**Gaspar de Crayer.**
251	Jésus chasse les vendeurs du Temple..................	**Jordaëns.**
287	Auberge....................	**Jan Van der Meer.**
379	Paysage en Hollande.........	**Van Ostade.**
383	L'Apôtre saint Philippe......	**P. de Champaigne.**
467	Diogène à la recherche d'un homme..................	**Rubens.**
515	La Fête de Village...........	**D. Teniers le Jeune.**
S.n°	Nymphes. — Fleurs..........	**Verkoli.**
S.n°	Hommages, adoration à l'Enfant Jésus..	**Gaspar de Crayer.**

DEUXIÈME SALLE

20	L'Abreuvoir.................	**Berghem.**
140	Vénus demande des armes pour Enée................	**Van Dyck.**
148 149	Portraits du frère et de la femme du frère de Rubens.	Id.
267	Visitation de la sainte Vierge.	**Liévins.**
373	Un homme d'affaires.........	**Van Ostade.**
378	Jésus et la Madeleine........	**P. de Champaigne.**
392	La Sainte Cène..............	**Porbus le Jeune.**
396	Portrait de Marie de Médicis.	Id.
398	Portrait de Charles Ier, roi d'Angleterre...............	**Pot.**
451	Réconciliation de Marie de Médicis avec son fils.......	**Rubens.**

N° 207. La Pêche miraculeuse, par Jouvenet. (Voir page 25.)

452	La Conclusion de la Paix (peinture allégorique)......	**Rubens.**
455	François de Médicis, père de Marie.....................	Id.
516	Fumeurs........................	**David Teniers.**
553	Les Corsaires repoussés.......	**Jan Weenyx.**
555	Le Produit de la Chasse.....	Id.

TROISIÈME SALLE.

13	Le Galant Fumeur...........	**Begyn dit Bega.**
16	Animaux, Paysages........	**Dick van Bergen.**
17	Paysage : Vue des environs de Nice..................	**Nicolas Berghem.**
22	Paysage	Id.
107	Enfants........................	**Cuyp.**
196	Portrait de Madame Victoire, la 5e fille de Louis XV......	**Heinsius.**
216	Chanteuses	**Honthorst.**
249	Paysage........................	**Karel du Jardin.**
426	Le prophète Elie avec l'Ange.	**Rubens.**
554	Lièvre, Gibier................	**Jan Weenyx.**
598	Paysage où est représentée la Tour de Nesle (1664).......	**Wouwerman.**
S. no	Fleurs et Fruits.............	**Van Daël.**
Id.	Le Christ en croix..........	**P. de Champaigne.**
Id.	La Pâques	Id.

En sortant des salles complémentaires de peinture, visitez les musées de la marine, ethnographique, chinois, japonais et mexicain.

Itinéraire. Traverser le Musée naval, occupant 12 salles, et à l'extrémité, visiter lesdits Musées; de là, revenir au point de départ, c'est-à-dire redescendre soit l'escalier par lequel vous êtes monté, soit l'escalier en face de vous.

Musée naval. Modèles de navires et bâtiments, pompes et appareils de sauvetage, plans en relief des places fortes de Brest, Rochefort, Toulon, Lorient, etc.; modèles des principaux vaisseaux cuirassés de notre flotte; instruments de mathématiques, bustes de marins célèbres, et pyramide construite avec les débris trouvés après le naufrage de Lapeyrouse.

Musées chinois, japonais, etc. — On y remarque des collections de toute nature : porcelaines et meubles chinois, et souvenirs de nos expéditions chinoise et mexicaine.

Attention. Du musée chinois, revenir au Musée naval et redescendre au 1er étage par le même escalier, pour visiter le reste des collections.

Musée de la Renaissance.

Après le vestibule où se trouve l'escalier du 2e étage, on pénètre dans le Musée des faïences italiennes et françaises, dans les musées Sauvageot, des pastels et des dessins.

A partir de la petite porte par où vous êtes monté au musée de la Marine :

1re pièce. Collection de faïences italiennes.

2e pièce. Faïences italiennes : collection Sauvageot.

3e pièce. Faïences françaises, par Bernard de Palissy, XVIe siècle. Meubles de la Renaissance, deux chaires anciennes.

4e pièce. Reliefs en bronze, ayant pour sujets la bataille de Marignan, 1515; celle de Cérisolles, 1544; campagnes d'Italie. Emaux du XVIe siècle. Plats et serrures.

5e pièce. Le lion de Venise, mosaïque en verre. Deux vitrines contenant verreries précieuses ; deux chaises anciennes

6e pièce. *Collection Sauvageot,* avec son buste. Miniatures sous vitrines; (1550), figurines, fauteuil, chaises, armoires, de l'époque de la Renaissance.

7e pièce. Ivoires sculptés, figurines, tableaux, grand retable de Poissy, de forme ogivale, au-dessus d'un grand coffre sculpté; deux portes en bois ouvragé.

8e pièce (marquée salle 14). Pastels encadrés. On remarque des portraits par le célèbre peintre de pastels Latour, et par la Vénitienne Rosalba Carriera, qui marche son égale; portraits de Latour et de Chardin, dessinés par eux-mêmes.

9e pièce (marquée salle 13). Portraits historiques; dessins encadrés.

10e pièce (marquée salle 12). Cadres de miniatures, des plus intéressantes, du XVe au XIXe siècle.

Portrait au pastel, de Latour.

11e pièce (marquée salle 11). Cadres de dessins : esquisses précieuses de David, Gérard, Géricault, Girodet, Gros, Granet, Isabey, Prudhon, Carle Vernet, etc.

12e pièce (marquée salle 10). Dessins encadrés de Watteau, Boucher, Vanloo, etc. Au milieu de la salle, le buste en marbre de Watteau.

13e pièce (marquée salle 9). Cadres de dessins par Van-der-Meulen, Lebrun, Girardon, Coypel, etc.

14e pièce (marquée salle 8). Dessins encadrés de Lesueur.

15e pièce (marquée salle 7). Cadres de dessins du Poussin, de Lesueur, etc.

16e pièce (marquée salle 6). Dessins encadrés. *Petite porte à droite,* conduisant au musée de la marine, au 2e étage.

17e pièce (marquée salle 5). Avec cheminée. Cadres de dessins et esquisses de Holbein, Albert Durer, Teniers, Rubens, Van Dick.

N° 143. Les Bergers d'Arcadie, par Poussin. École française. (Voir page 24.)

18e pièce (marquée salle 4). Esquisses et dessins encadrés, de peintres italiens. Le sujet du plafond : la Sagesse divine donnant des lois aux rois et aux législateurs.

19e pièce (marquée salle 3). Cadres de dessins des peintres italiens : grand tableau, esquisse de Jules Romain. Sujet du plafond : la Loi descendant sur la terre.

20e pièce (marquée salle 2). Cadres *idem* Grands tableaux de Jules Romain. Sujet du plafond : la France recevant la Charte des mains de Louis XVIII.

21e pièce (marquée salle 1). Cadres de dessins, *idem*. Grand tableau de Jules Romain. Sujet du plafond : la France victorieuse à Bouvines.

Bronzes antiques. — En sortant de cette dernière salle des dessins, on arrive dans une galerie dans laquelle s'ouvre une belle porte en fer ouvragé, donnant accès dans une salle contenant des bronzes, casques, boucliers, fers de lance et statuettes.

Du musée des bronzes antiques, descendre l'escalier Henri II, par lequel vous êtes monté au Musée, et arrivé en bas de l'escalier près du gardien vous diriger, sans sortir, à droite de l'escalier et non à gauche. (Voir, Musée des Sculptures, rez-de-chaussée, page 45.

La Vénus de Milo. Sculptures antiques. (Voir page 49.)

GALERIES DU REZ-DE-CHAUSSÉE

SCULPTURES

Les galeries du rez-de-chaussée, sculptures, se divisent ainsi :

Sculptures antiques;
Sculptures modernes;
Sculptures de la renaissance;
Musée égyptien;
Musée assyrien et de l'Asie Mineure.

SCULPTURES ANTIQUES

Salle des Caryatides. — La première salle dans laquelle vous pénétrez à gauche de l'escalier de Henri II, est la salle des Caryatides, qui doit son nom aux magnifiques caryatides du sculpteur célèbre *Jean Goujon*. Rappelons pour mémoire, que c'est dans cette salle que Henri IV célébra son mariage avec Marguerite de Valois et que c'est là qu'il fut transporté après son assasinat par Ravaillac.

Citons au nombre des sculptures les plus remarquables, les statues de Jupiter, d'Apollon, de Bacchus, de Cupidon, du Centaure, de Jason, d'Hercule, de la Vénus à la coquille, de la Louve de Rome, en marbre rouge, et de l'hermaphrodite Borghèse, à droite de la magnifique cheminée du fond.

Après cette cheminée, vous faisant face, on arrive par un couloir orné de glaces, dans tout un monde de sculptures. A votre gauche, dans le fond, la Vénus de Milo, la perle du Musée de Sculptures. A votre

Nota. — Remarquer au milieu de la salle, deux vasques en marbre rouge, à l'écho sympathique (très-curieux).

N° 178. La Diane à la biche. Sculptures antiques.

droite, la statue d'Achille vue de dos, et des plafonds peints à encadrements dorés.

Dirigez-vous de ce côté, c'est-à-dire à droite.

Première salle, salle dite de Diane. — Une série de statues restaurées et bas-reliefs provenant de fouilles.

Viennent ensuite les salles, dites des **Empereurs romains,** au centre et à l'entrée desquelles on admire la magnifique statue d'Achille, n° 144, et sur les côtés, celles d'Apollon, de la Pudicité, de Cérès et de Melpomène.

NOTA. — A côté des salles des Empereurs romains, où sont réunis plusieurs sarcophages et statues en marbre, se trouvent deux escaliers conduisant au Musée de peinture. (Ne pas vous occuper de ces escaliers.)

Pénétrez dans la galerie des Empereurs romains, composée de cinq belles salles, aux frontons et coupoles dorés, et derrière la statue de *Commode,* au fond de la galerie, remarquez la fenêtre, dite de Charles IX.

Une magnifique galerie dont le plafond représente les Dieux de l'Olympe, fait suite à cette dernière salle; remarquer au centre, n° 184, un Germanicus, statue en marbre, véritable modèle d'anatomie, et dans le fond un Auguste, drapé avec une majesté sans égale.

De la salle des Empereurs romains, revenir dans la salle de Diane, et de là, pénétrer dans la salle du Tibre.

Salle du Tibre. — Remarquer n° 249, la statue colossale du Tibre, Romulus et Rémus allaités par la louve; à côté, deux Faunes, au centre, la Diane à la biche, n° 178.

Milon de Crotone. (Salle du Puget, Sculptures modernes)

Salle du Gladiateur. — Au centre, n° 262, le Gladiateur, héros combattant (splendide). Cupidon, Amour et Psyché, n° 417. Amazone blessée, n° 281. Vénus Genitrix, n° 46.

Salle de Minerve. — Minerve, dite Pallas, n° 310. Polymnie, n° 306. Statues de Cérès et d'Adorante.

Salle de Melpomène. — Statue colossale de Melpomène, la muse de la Tragédie, 386. Devant cette statue, on remarque des mosaïques modernes de Belloni.

C'est à côté de cette statue, et derrière une portière rouge, que se trouve la célèbre *Vénus de Milo*. Cette statue, trouvée en 1820 dans l'île de Milo, est un don du marquis de Rivière. De la Vénus de Milo, revenir à votre point de départ, la *Salle des Caryatides*, après avoir traversé la salle de la *Psyché, du Sarcophage, d'Hercule et de Telèphe, de la Médée et de Pan.*

Sortir de la salle des Caryatides par le côté des Caryatides et revenir sous l'horloge, cour du Louvre (pavillon Sully), vous diriger *à gauche*, le dos tourné à l'horloge.

C'est de ce côté que se trouve, après la porte des surveillants, le Musée des sculptures modernes.

SCULPTURES MODERNES

AU REZ-DE-CHAUSSÉE, COUR DU LOUVRE.

Les sculptures modernes sont exposées dans cinq salles qui communiquent. En voici la description :

Salle du Puget. — Le Milon de Crotone ; Persée délivrant Andromède ; deux Caryatides, copies de celles de

Les Trois Grâces, par Germain Pilon
Sculptures de la Renaissance. (Voir page 52.)

l'Hôtel de ville de Toulon, par le Puget; Didon, par Cayot; la Religion, par Hardy; et les bustes de Boileau, de Mansart et de Colbert.

Salle Coysevox. — Magnifique mausolée de Mazarin; statue de la duchesse de Bourgogne; bustes de Richelieu de Mazarin, de Bossuet, de Lebrun, de Mignard.

Salle des Coustou. — Statues de Louis XV, de Marie Leczinska, Diane, Vénus au bain, Amalthée, Mercure.

Salle Houdon. — Une Diane, statue en bronze, par Houdon; l'Amour et Psyché, par Delaistre; Bacchante, par Clodion; Psyché, par Pajou; l'Amour découpant son arc, le duc de Richelieu; bustes de Mme Dubarry, de J.-J. Rousseau, de Buffon, etc.

Salle Chaudet. — Phorbas et Œdipe, par Chaudet; l'Amour et Psyché, par Canova; Zéphire et Psyché, par Rutchiel; la Toilette d'Atalante, par Pradier; l'Immortalité, en bronze, par Cortot; un Mercure en bronze, et le Pêcheur à la Tortue, par Rude; l'Amour au papillon, et un buste colossal de Napoléon Ier, par Bartolini.

MUSÉE DES GRAVURES.

Note importante. — *Musée des gravures.* — Les étrangers qui voudraient faire l'achat des gravures de hoix pourront, en sortant du Musée des sculptures modernes, se rendre au **Musée de Chalcographie** ou de gravure, placé sur le même trottoir que le Musée de la sculpture moderne. (On communique un catalogue aux personnes qui en font la demande.)

En sortant du Musée des sculptures modernes, dirigez-vous à droite du côté du pont des Arts (guichet des Arts). C'est à gauche de ce pavillon, dans la même cour, que se trouve le Musée des sculptures du moyen âge et de la Renaissance.

SCULPTURES DE LA RENAISSANCE

AU REZ-DE-CHAUSSÉE, A GAUCHE DU GUICHET DU PONT DES ARTS, COUR DU LOUVRE.

1re salle. (A droite en entrant). — MUSÉE CHRÉTIEN, composé de sarcophages et de bas-reliefs provenant de fouilles.

2e salle. — MUSÉE JUDAÏQUE. Tombeaux recueillis à Jérusalem et donnés par M. de Saulcy. Cette pièce communique avec la salle dite de MICHEL COLOMBE.

Salle Michel Colombe. — Un bas-relief représentant Saint-George terrassant le dragon; deux statues couchées, les mains jointes, et une statue de Louis XII, en albâtre, etc.

Salle de Jean de Douai. — Un Mercure de *Jean de Douai,* sauvé des Prussiens et rapporté de Compiègne. — Deux Prisonniers, statues en marbre de *Michel-Ange.* — Mercure et Psyché, par *Adrien de Vriès.* — La Nymphe de Fontainebleau, par Benvenuto Cellini. — Le Repos en Égypte; plusieurs Vierges avec l'Enfant-Jésus; et contre le mur, un Saint-Michel, sauvé des ruines de Saint-Cloud.

Salle de Jean Goujon. Au milieu, le fameux groupe de la Diane chasseresse fait pour le château d'Anet, avec cerf et chiens; le groupe des trois Grâces ou des trois Vertus théologales, pour le monument funéraire de Henri II et de Catherine de Médicis (1599) ; mise au tombeau ; groupe de quatre statues pour supporter la châsse de Sainte-Geneviève, par Germain Pilon ; magnifique cheminée du château de Villeroy ; colonne torse funéraire à la mémoire d'Anne de Montmorency, bronze et marbre ; mausolée de la famille de Cossé-Brissac ; bustes de Henri II, de Henri III, Henri IV, etc. Contre la fenêtre, n° 90, le Jugement de Suzanne, petit bas-relief des plus curieux.

Salle des Anguier. — La grande pyramide des ducs de Longueville ; statues en bronze représentant les nations vaincues, enchaînées au pied de la statue équestre de Henri IV, dont on voit les débris contre le mur ; — mausolées d'Auguste de Thou et de la princesse de la Trémouille, princesse de Condé ; statues en bronze d'Anne d'Autriche, de Louis XIII et de Louis XIV enfant ; bustes en bronze de Louis XIII et du grand Condé ; buste de Colbert.

De la *Salle des Anguier*, revenir *Salle Jean Goujon*, et sortir dans la cour du Louvre par un vestibule où l'on remarque les tombes d'Anne de Bourgogne, duchesse de Bedford (1432), de Catherine d'Alençon, femme de Pierre d'Évreux-Navarre ; et à droite, la tombe de Pierre d'Évreux-Navarre, comte de Mortain, et la statue coloriée de Childebert, roi de France (558), etc.

Sortant du Musée de la Renaissance, dirigez-vous à droite, du côté de la colonnade, pavillon faisant face à l'horloge. C'est sous la colonnade que se trouve, à droite, le *Musée Égyptien*, et à gauche, le *Musée assyrien*.

MUSÉE ÉGYPTIEN.

AU REZ-DE-CHAUSSÉE, SOUS LA COLONNADE

Musée égyptien. — Riche collection de sphynx depuis le plus mignon jusqu'au plus colossal, bas-reliefs, colonnes, inscriptions, bœuf Apis, tombeaux, sarcophages, etc.

A l'extrémité du musée égyptien, vous avez, en face de vous, un immense escalier; au lieu de le gravir, revenez directement sur vos pas pour pouvoir visiter le musée assyrien qui est en face du dernier des musées que vous ayez à visiter.

Nota. — Le Musée algérien qui faisait suite au musée égyptien, est aujourd'hui fermé.

MUSÉE ASSYRIEN

AU REZ-DE-CHAUSSÉE, SOUS LA COLONNADE

Musée assyrien. — Le musée assyrien comprend le produit des fouilles faites, depuis quelque temps, sur les bords du Tibre et de l'Euphrate.

Vous y trouverez des sarcophages, quatre énormes taureaux à tête d'homme, des figures d'hommes gigantesques, des bas-reliefs nombreux, des tableaux et pierres, contenant des inscriptions paraissant indéchiffrables, le vase de Pergame, ainsi que des antiquités grecques des plus curieuses, récemment découvertes en Asie.

Du musée assyrien en passant sous la voûte de la colonnade, vous êtes place Saint-Germain-l'Auxerrois, et de là, en quelques minutes, au Palais-Royal.

Vue générale du Palais du Luxembourg.

LE LUXEMBOURG

MUSÉE DES ARTISTES VIVANTS

MUSÉE DU LUXEMBOURG, au palais du Luxembourg (rive gauche). — Le Musée du Luxembourg, appelé le MUSÉE DES ARTISTES VIVANTS, est ouvert **tous les jours** au public, excepté **le lundi** : l'été, de 9 à 5 heures; l'hiver, de 10 à 4 heures.

Nota. — Le palais du Luxembourg, occupé autrefois par le Sénat et aujourd'hui par les bureaux de l'Hôtel de Ville, n'est plus, depuis la guerre, ouvert au public.

Itinéraire. — On pénètre dans le Musée par une petite porte à droite donnant dans le jardin du Luxembourg et attenant à la grille donnant sur la rue de Vaugirard, derrière le théâtre de l'Odéon.

Avant de monter l'escalier conduisant au Musée de peintures, au 2e étage, visitez au rez-de-chaussée la galerie où se trouve la Sculpture.

On peut citer notamment les numéros ci-après :

Numéros.		Noms des sculpteurs.
296.	Ganymède	**Barthélemy.**
299.	La Méditation	**Bonassieux.**
303.	Hébé endormie	**Carrier-Belleuse.**
304.	La Vérité	**Cavelier.**
306.	La Mère des Gracques	Id.
	Taureau romain	**Clesinger.**
309.	Bacchante et Satyre	**Crauk.**
312.	Saint Jean, enfant	**Dubois.**
313.	Chanteur florentin	Id.
315.	Leucothée et Bacchus enfant	**Dumont.**

Le Pêcheur napolitain de Duret.

317.	Pêcheur dansant la tarentelle..	**Duret.**
318.	Vendangeur improvisant.......	Id.
319.	Tarcinus, martyr chrétien.....	**Falguière.**
320.	Un vainqueur au combat de coqs	Id.
328.	Anacréon....................	**Guillaume.**
331.	Arion sur le Dauphin..........	**Hiolle.**
333.	La Prière....................	**Jaley.**
335.	Jeune fille confiant son premier secret à Vénus.........	**Jouffroy.**
336.	Être et paraître..............	**Lebarivel.**
340.	Agrippine et Caligula..........	**Maillet.**
342.	Velléda......................	**Maindron.**
344.	Bacchante....................	**Marcellin.**
347.	Ariane......................	**Millet (Aimé.)**
352.	Eurydice..................	**Nanteuil.**
355.	Enfance de Bacchus...........	**Perraud.**
356.	Désespoir	Id.
357.	Une heure de la nuit..........	**Pollet.**
361.	Jeune fille à la Source	**Truphème.**
386.	Bianca Capello...............	**Marcello.**
387.	Chef abyssin.................	Id.

Nota. — Dans une autre galerie attenant au musée de Peinture, se trouve le complément de la Sculpture (2e étage).

On y remarque, sous le n° 326, la *Minerve après le jugement de Pâris* (bronze), par Gatteaux; 297, un *Jaguar*, bronze par Baryo; 351. *Trouvaille à Pompéi*, par Moulins; 325, *Le Passant*, bronze, par Gaston Guitton.

Au sortir de la galerie de Sculpture, du rez-de-chaussée, montez, à droite, l'escalier très-peu monumental qui vous mène, au 2e étage, à la grande galerie de Peinture.

Le plafond est décoré de douze tableaux. — Au centre, le lever de l'Aurore, par *Callet;* les autres peintures sont de *Jordaëns* et représentent les douze Mois de l'année.
— L'ornementation du plafond a été faite sous la direction de M. *de Gisors,* architecte du palais du Luxembourg.

Musée du Luxembourg.

N° 70 Mort d'Elisabeth par Paul Delaroche

CATALOGUE DU MUSÉE DE PEINTURE

On peut citer notamment :

Numéros.		Noms des peintres.
[illegible]	[illegible] la-Ville	Achard.
2.	Une Fête à Genazzano	Achenbach.
3.	Prométhée	Aligny.
12.	La Fortune et l'Enfant	Baudry.
14.	Revue sous l'Empire	Bellangé.
17.	Pèlerins allant à La Mecque	Belly.
27.	Labourage nivernais	Bonheur (Rosa).
28.	Philomèle et Progné	Bouguereau.
29.	Paysage et Animaux	Brascassat.
32.	La Bénédiction des Blés (Artois).	Breton.
33.	Le Rappel des Glaneuses (Artois)	Id.
35.	Les Pèlerins de Sainte Odile	Brion.
38.	L'Étang de Ville-d'Avray	Cabat.
39.	Un Soir d'automne	Id.
41.	Tépidarium	Chassériau.
49.	Henri III et le duc de Guise	Comte.
50.	Paysage (une matinée)	Corot.
52.	Le Lévite d'Ephraïm	Couder.
53.	Les Romains de la décadence	Couture.
54.	Psyché	Curzon.
58.	Ecluse dans la vallée d'Optevoz (Isère)	Daubigny.
59.	Le Printemps	Id.
60.	Le Couvent de sainte Catherine au mont Sinaï	Dauzats.
62.	Saül	Decamps.
63.	La Caravane	Id.

64. Course de taureaux en Espagne. **Dehodencq.**
65. Dante et Virgile aux Enfers.... **Delacroix.**
66. Scènes des Massacres de Scio .. Id.
67. Le 28 Juillet 1830 (la Liberté)... Id.
68. Femmes d'Alger dans leur appartement.................. Id.
69. Noce juive dans le Maroc........ Id.
70. Mort d'Élisabeth................. **Delaroche.**
71. Edouard V et Richard duc d'York.. Id.
75. Vase d'améthyste (XVIe siècle)... **Desgoffe.**
76. Vase de cristal de roche (XVIe).. Id.
77. Les Paysagistes................. **Desjobert.**
78. Portrait de Mme Hersent......... **Mme Desnos.**
79. La Naissance de Henri IV....... **Devéria.**
87. Ascanio, ciseleur florentin (XVIe siècle)........................ **Fauvelet.**
96. Orphée.......................... **Français.**
98. Chasse au faucon................ **Fromentin.**
89. Figure d'étude.................. **Flandrin.**
108. Un Marchand d'esclaves......... **Giraud (Victor)**
111. Le Soir........................ **Gleyre.**
114. Coup de vent................... **Gudin.**
115. Incendie du Kent............... Id.
120. La Malaria..................... **Hébert.**
122. Les Cervaroles................. Id.
125. Prise de Jérusalem............. **Heim.**
126. Charles X distribuant les récompenses......................... Id.
127. Inondation à Saint-Cloud....... **Huet.**
132. J.-C. donne les clefs à Saint-Pierre......................... **Ingres.**
133. Roger délivrant Angélique...... Id.
134. Cherubini (portrait historique)... Id.
135. Homère déifié.................. Id.
139. Portrait de M. Rivière......... Id.
140. Portrait de Mme Rivière........ Id.
142. Embarquement du *Ruyter*...... **Isabey.**
158. Eustache Lesueur chez les Chartreux.......................... **Laugée.**

164. Désolation des Océanides....... Lehmann.
165. Une Noce en Bretagne.......... Ad. Leleux.
173. Le Choral de Luther (Alsace)... Marchal.
181. La Madone des Grâces à la Cervara (Etats-Romains)......... Montessuy.
184. Appel des dernières victimes de la Terreur.................. Muller.
195. Portrait de Juan Prim.......... Regnault.
196. Exécution à Grenade........... Id.
199. Colloque de Poissy, en 1561.... Robert-Fleury.
200. Jane Shore.................... Id.
201. Pillage d'une maison dans le Judecca de Venise............. Id.
205. Marine (côtes de Normandie).... Roqueplan.
207. Un Importun................... Rousseau (Ph.).
208. Cigognes faisant la sieste au bord d'un bassin............ Id.
209. Chevreau broutant des fleurs... Id.
210. Sortie de forêt, à Fontainebleau. Rousseau (T.P.)
214. Notre-Dame-des-Roses.......... Saint-Jean.
215. Les Fleurs dans les ruines...... Id.
216. La Récolte.................... Id.
217. La Mort de Géricault........... Scheffer (Ary).
218. Les Femmes Souliotes.......... Id.
219. Eberhard, dit *le Larmoyeur*..... Id.
220. Une Scène d'Inondation......... Schnetz.
221. Vœu à la Madone.............. Id.
227. La Femme adultère............. Signol.
229. Une Famille malheureuse....... Tassaert.
231. Rencontre de Faust et de Marguerite..................... Tissot.
235. Le Retour à la ferme........... Troyon.
237. La Barrière de Clichy (1814).... Vernet (Hor.),
238. Raphaël au Vatican............ Id.
246. Vue de Venise................. Ziem.
366. Glorification de Saint-Louis..... Cabanel.
369. Portrait de Ch. Fourier......... Gigoux.
371. Relais de diligence en Normandie De la Berge.
374. Le Bien et le Mal.............. V. Orsel.

Nota. — A votre sortie du Musée, redescendre dans le jardin et le visiter dans son entier. Pour les détails, voir page ... JARDIN DU LUXEMBOURG.

Quant au Palais où siégeait autrefois la Cour des Pairs, puis le Sénat, il a été affecté aux divers services de la Préfecture de la Seine, depuis l'incendie de l'Hôtel de Ville par les communards.

N° 134. Cherubini, portrait historique, par Ingres.

Polyphème surprenant Acis et Galathée. (Fontaine du jardin du Luxembourg.)

MUSÉE DE CLUNY

PALAIS DES THERMES

MUSÉE DES THERMES (HOTEL DE CLUNY), boulevard Saint-Michel, entrée rue du Sommerard.

Riches et précieuses collections d'antiquités nationales, du moyen âge et de la renaissance.

Jours et heures d'entrée. — Le musée de Cluny est ouvert les *dimanches et jours de fêtes* de 11 heures à 4 heures et demie et, *tous les jours*, excepté les *lundis*, aux mêmes heures, aux personnes munies de billets d'entrée, ou de cartes d'études, ainsi qu'aux étrangers sur la présentation de leurs passeports.

L'entrée des jardins a lieu par la grande porte de l'hôtel de Cluny.

NOTA. — Les billets d'entrée doivent être demandés à M. le directeur du Musée, par lettre affranchie (s'adresser au concierge en entrant à gauche.)

Notice historique. — Le palais des Thermes, sur une partie des ruines duquel a été construit l'hôtel de Cluny, et dont la grande salle existe encore intacte, avec son immense voûte antique, est le monument le plus ancien de Paris ; sa construction paraît remonter au règne de Constance Chlore et les chroniqueurs affirment que Julien l'Apostat y fut proclamé empereur (360).

Commencé par Jehan de Bourbon, abbé de Cluny, sur les fondations du palais romain, avant 1485, et terminé dans les dernières années du quinzième siècle, par Jacques d'Amboise, abbé de Cluny, et depuis évêque de Clermont, l'hôtel de Cluny a conservé toute la délicatesse et l'originalité de l'architecture du moyen âge ; c'est le seul monument civil de cette époque encore debout à Paris ; les quelques mutilations qu'avaient dû lui faire subir le temps et la main des hommes sont aujourd'hui complétement effacées ; il est conservé dans son entier, et les travaux de restauration dont il a été l'objet n'ont eu d'autre but que de lui rendre son aspect primitif, quelque peu modifié par des attributions diverses.

Résidence de Marie d'Angleterre, veuve du roi Louis XII et sœur d'Henri VIII, en 1515, de Jacques V, roi d'Ecosse, pendant son séjour à Paris, en 1536, des nonces du pape, en 1605, l'hôtel de Cluny, depuis sa fondation jusqu'à la Révolution française, ne cessa pas d'appartenir à l'ordre de Cluny, dont le siége était en Bourgogne, près de Mâcon.

Vendue, comme bien national, à la fin du siècle dernier, l'ancienne résidence des abbés de Cluny devint dès lors propriété particulière, et ce fut, en 1833, que M. du Sommerard y installa les précieuses collections d'objets d'art des temps anciens, qui avaient fait l'étude et l'objet des recherches de toute sa vie.

A la mort du célèbre archéologue, sa collection fut acquise par l'État, et devint le point de départ d'un musée d'antiquités nationales, auquel l'hôtel de Cluny, également acquis par l'État, et le palais des Thermes, cédé par la ville de Paris, formaient un cadre merveilleusement disposé et présentant un ensemble unique et du plus haut intérêt pour l'histoire de l'art.

Constitué en vertu de la loi du 24 juillet 1843, le musée des Thermes et de l'hôtel de Cluny, confié aux soins et à la direction de M. E. du Sommerard, fils de l'illustre antiquaire et son collaborateur, a été ouvert, pour la première fois au public le 16 mars 1844.

Depuis ce jour, les collections ont pris un développement considérable, et le Catalogue qui, dans les premières années, comprenait deux à trois mille numéros, en contient aujourd'hui plus de neuf mille (1).

---

(1) Voir le *Catalogue du Musée des Thermes et de l'Hôtel de Cluny* par E. du Sommerard, directeur du Musée.

DISTRIBUTION DU MUSÉE

Itinéraire. — En entrant dans l'hôtel de Cluny par la Cour d'honneur, soit par la grande porte qui s'ouvre sur la rue des Mathurins et qu'encadre un bandeau d'élégantes sculptures du temps, surmontées de l'écusson aux armes de Jacques d'Amboise, soit par la petite poterne ancienne qui la flanque et qui se distingue par son ancien couronnement sculpté en saillie, on quitte la vie moderne pour se trouver en plein moyen âge. L'enceinte extérieure que l'on vient de franchir est formée par un mur élevé, avec ses créneaux, son chemin de ronde pour le service de la défense, et ses pavillons communiquant aux bâtiments de l'hôtel.

La façade principale et les deux ailes en retour sont percées de fenêtres à croisillons à tous les étages, et surmontées d'une élégante galerie à jour. D'immenses lucarnes en pierre dentelée, d'une remarquable exécution, s'élèvent au pied des combles d'ardoises, et une grande tour, qui domine de sa hauteur le bâtiment principal, porte à son sommet, sur les à-jours de pierre de sa balustrade, les écussons et les devises du fondateur de l'hôtel.

L'aile gauche est portée sur quatre grandes arcades en ogives, surmontées de fleurons et de sculptures en relief, l'aile droite donne accès dans les jardins qui entourent l'hôtel et le palais romain, sur les trois autres faces.

A l'angle de la cour, en face d'un puits du temps, que surmonte une armature en fer d'un travail original et d'une forme charmante, se trouve l'entrée des collections.

On y pénètre par une porte à deux vantaux, décorée des armes de la maison, que l'on retrouve partout, tant à l'extérieur sur les tympans des lucarnes, qu'à l'intérieur sur les consoles des poutres qui supportent les planchers, sur les vitraux des croisées et sur tous les motifs de la décoration des galeries.

REZ-DE-CHAUSSÉE

SALLES Nos 1, 2, 3, 4, 5 ET 6.

Meubles et antiquités. — L'aspect intérieur des galeries de l'hôtel répond exactement à son architecture extérieure : les salles ont été remises dans leur état primitif, avec les grandes cheminées du temps, les solives des plafonds, apparentes, et leur décoration est en harmonie complète avec les meubles, les sculptures et les objets d'art de toute sorte qu'elles renferment.

Les premières salles du rez-de-chaussée sont plus spécialement consacrées aux meubles et aux antiquités de grande dimension.

Dans la première et dans la seconde, on remarque la belle mosaïque du président de Gannai, des peintures sur bois ayant fait partie de la collection Campana, plusieurs beaux meubles du quinzième siècle, et de nombreuses sculptures en marbre, en albâtre, en bois. Sous une grande vitrine, on voit le Trésor de Hildesheim, composé de 30 pièces d'orfévrerie antique, reproductions galvanoplastiques données au musée de Cluny par MM. Christophe et H. Bouilhet (1871).

La troisième salle est ornée d'une grande et belle cheminée, qui provient d'une maison de Troyes; une autre cheminée, de même époque, de même provenance, occupe tout le fond de la cinquième salle.

Dans l'une de ces pièces, figurent dans une vitrine, plusieurs bassins, aiguières et assiettes d'étain artistement travaillés et d'un fini précieux. L'une de ces assiettes, ornée d'un portrait équestre d'un roi, a été donnée le 19 juin 1870 au Musée de Cluny, par Charles XV, roi de Suède.

L'ameublement de toutes ces galeries remonte au XVe et au XVIe siècles, et les vitrines placées devant les fenêtres, ainsi qu'au milieu des salles, renferment un grand nombre d'objets précieux par leur antiquité, des collections tout entières, de l'âge de pierre, de poteries et d'ustensiles gallo-romains, de pièces de serrurerie du moyen âge et de la Renaissance, et enfin d'étoffes anciennes, depuis le IXe siècle jusqu'au XVIIe.

En sortant de la sixième salle, le public descend quelques marches, et arrive dans une galerie, dont la muraille est romaine et se relie à l'ancien palais des Thermes.

Une porte ouverte au milieu de la galerie, donne accès [illegible] grande salle consacrée aux tapisseries, aux étoffes et aux broderies de tout genre.

Le groupe en marbre blanc qui occupe le milieu, est celui de Diane de Poitiers et de ses deux filles; il a été exécuté par Germain Pilon.

Galerie des voitures. — De cette salle, le public se dirige par un passage provisoire, qui s'ouvre en face de l'entrée, sur la galerie des voitures, collection nouvellement formée, et déjà d'une richesse sans égale. Les grands carrosses de gala, aux panneaux peints à figures, et chargés d'or, les chaises à porteurs, les traîneaux de toute sorte, remplissent cet espace, dont les murs sont couverts des harnais destinés à chaque attelage. Cette galerie est d'un grand intérêt pour le public, non-seulement par la richesse, l'élégance et l'originalité des formes des carrosses et des voitures de toute espèce qu'elle contient, mais encore par leur conservation extraordinaire. Chacun de ces carrosses pourrait être attelé en quelques minutes.

Après avoir visité la galerie des carrosses, le public traverse de nouveau la grande *salle des Tapisseries*, dont les murs sont romains, et dont la partie supérieure a été réédifiée sur l'arrachement de la voûte antique; puis reprenant à gauche la galerie qui fait suite, on arrive à un charmant escalier en bois sculpté, aux armes de Henri IV et de Marie de Médicis et qui, existant jadis à l'ancienne Chambre des Comptes de Paris, a été relevé et mis en place par les soins du directeur du Musée. Cet escalier conduit aux salles du premier étage.

PREMIER ÉTAGE.

La galerie du premier étage, qui s'ouvre sur l'escalier d'Henri IV, est spécialement affectée aux armes et armures, aux ustensiles en métal, à tout ce qui concerne l'armurerie et la dinanderie; on y rencontre des trophées de toute sorte, parmi lesquels on distingue plusieurs boucliers et un nombre infini d'ustensiles, aussi curieux par leur époque que par leur forme et leur usage.

A l'extrémité de cette galerie, le public tourne à droite et traversant une sorte de vestibule dont [illegible] est la reproduction de la salle de Bains de Lesueur, arrive dans les salles consacrées aux faïences de toute nature et de toutes les fabriques des xve et xvie siècles. Les murs de ces galeries, aussi bien que les vitrines placées dans les fenêtres, et les dressoirs qui en font l'ameublement, présentent, à côté des grands bas-reliefs de Luca della Robbia, émaillés en blanc sur fond bleu, les plus beaux spécimens des fabriques les plus célèbres, telles que celles de Gubbio, de Pesaro, de Rimini, de Faenza, d'Urbino, de Castel Durante, et tant d'autres justement renommées. Viennent ensuite les grandes pièces à reflets métalliques de style mauresque, les terres cuites, les grès d'Allemagne et de Flandre, et enfin les beaux produits des premières époques de Nevers et de la fabrication française, en tête de laquelle se placent les œuvres de Bernard Palissy et de ses descendants.

Une cheminée d'un style élégant et sobre, qui date du commencement du xve siècle, et dont les figures représentent les trois âges de la vie, décore le fond de ces salles. Cette cheminée provient du Mans et a conservé toutes ses traces de peintures.

En traversant de nouveau les galeries des faïences, on revient sur ses pas pour entrer, de plain-pied, dans une série de salles éclairées, d'un côté, sur la cour de l'hôtel, et de l'autre, sur les jardins, et constituant le corps de logis principal.

La première de ces salles, que décore une cheminée en pierre, du xve siècle, renferme un grand lit, chef-d'œuvre de sculpture de la Renaissance, et un certain nombre de meubles et de cabinets, à deux corps, de la même époque, tous d'une exécution supérieure.

Des collections d'armes, d'ustensiles, de manuscrits, d'imprimés sur bois et de chartes garnissent les vitrines de cette salle qui communique directement avec la salle du Sommerard, consacrée aux meubles en ébène, aux ivoires, et aux peintures, ainsi qu'aux ouvrages en matières précieuses.

C'est là, dans les vitrines du milieu et dans celles des fenêtres, que se trouvent les grands ivoires du treizième au dix-septième siècle : figures, bas-reliefs, plaques, diptyques et triptyques, un bel échiquier en cristal de roche, la collection des râpes à tabac, des quenouilles et fuseaux, et de menus objets à l'usage de la toilette. Le meuble placé entre les deux fenêtres est d'origine florentine ; il est couvert de mosaïques en pierre dure, de lapis-lazzuli, et constitue ce qu'on appelait un *Cabinet* de la plus grande richesse.

La grande salle qui fait suite renferme une admirable collection d'émaux de tous genres. Une immense cheminée qui provient d'une maison de Troyes en Champagne, et qui est enrichie de sculptures et de bas-reliefs d'une habile exécution, occupe un des côtés de cette salle ; le large cul-de-lampe orné de sculptures en haut-relief, qui lui fait face, est destiné à supporter une cheminée de l'étage supérieur.

Les grands émaux qui sont exposés dans cette salle, et qui sont les pièces les plus importantes, comme dimension, qui aient été fabriquées à Limoges, viennent du château de Madrid, construit au bois de Boulogne par François Ier et détruit à la fin du siècle dernier.

Les émaux cloisonnés et champlevés, les châsses, les reliquaires, les ostensoirs émaillés, des douzième et treizième siècles, les coffrets, les coupes, les plats du seizième siècle, signés par H. Penicaud, Pierre Rémond, Jean Courtois, Léonard Limousin et les plus fameux émailleurs de Limoges, garnissent les murs et les vitrines de cette grande salle ; d'autres armoires sont consacrées aux verreries de

Venise, d'Allemagne, de France, dont l'hôtel de Cluny possède une collection des plus complètes.

La huitième salle du premier étage, qui fait suite à celle des émaux, est celle de l'orfèvrerie, et renferme des objets de la plus haute valeur, aussi bien au point de vue du travail, qu'à celui de l'archéologie.

Ce sont d'abord les couronnes des rois goths, couronnes d'or massif, ornées de saphirs et de perles fines, véritable trésor du septième siècle retrouvé intact, et qui ferait, à lui seul, la gloire d'une collection publique de premier ordre; — l'autel d'or de Basle, monument sans égal, en or fin, massif, battu et repoussé au marteau, chargé de figures et d'ornements en hauts-reliefs, dû à la piété de l'empereur saint Henri et donné par lui à la cathédrale de Basle, dans les premières années du onzième siècle; — viennent ensuite, le trésor de Saint-Marc-le-Blanc, près de Rennes, découvert en 1856, bracelets, bagues, pièces d'orfèvrerie de toutes formes, en or massif; — le beau Torquès de Cessons, trouvé en 1834, les grands bracelets de Villers-Coterets, découverts en 1865 sur la propriété de M. H. de Cambacérès; — puis enfin la rose d'or de Basle, donnée par le pape Clément V au prince-évêque de Basle, au commencement du quatorzième siècle. — Tous ces monuments précieux, d'une conservation étonnante, forment un ensemble du plus grand intérêt.

Une salle, d'un aspect tout différent, et qui forme un contraste frappant avec la précédente, suit immédiatement après, et présente une collection complète des faïences françaises des dix-septième et dix-huitième siècles, si recherchées depuis quelques années. — Une grande cheminée en faïence de Lille, occupe l'espace compris entre deux des fenêtres, en face d'un vaste dressoir couvert de pièces de surtout, représentant toutes sortes d'animaux en faïence, de ronde bosse.

Les fabriques les plus renommées, celles de Rouen, de Nevers, de Moustier, de Strasbourg, de Lille, de Lunéville, de Marseille, de Clermont-Ferrand, de Sceaux et bien d'autres, sont largement représentées dans cette collection, les vitrines qui garnissent la salle présentent la plus remarquable variété de ces beaux produits d'une industrie toute française.

De la salle des faïences françaises, on revient sur ses pas, et, traversant les quatre galeries précédentes, on prend à droite, avant d'arriver à celle des armures, et l'on pénètre dans la salle de la Reine-Blanche, ainsi nommée en souvenir du séjour qu'y fit Marie d'Angleterre, sœur du roi Louis XII, en janvier 1515. La décoration peinte de cette salle est celle du temps et date du règne de Henry II. Le grand lit qui en occupe le fond est celui du Maréchal marquis d'Effiat.

Chapelle. — Une petite porte donne accès dans la chapelle, délicieux monument de la fin du quinzième siècle, d'une élégance et d'une conservation parfaites. — Les clochetons dentelés, les bandeaux couverts de feuillage et de rinceaux en haut-relief, les mille détails d'une architecture fine et élancée ont résisté aux effets du temps, et la chapelle de l'hôtel de Cluny est restée, de nos jours, un spécimen des plus complets de ce genre,

Un escalier à jour qui s'ouvre dans un angle de la chapelle permet de descendre au rez-de-chaussée, et donne accès dans les jardins par une sorte de passage couvert, dont le pilier central supporte le K couronné de Charles VIII (Karolus) et les armes de la famille d'Amboise.

En descendant quelques marches, on trouve, à gauche, un petit jardin, et l'on arrive dans la grande salle du palais des Thermes, encore debout depuis les premières années du quatrième siècle.

Palais des Thermes. — C'est là, sous ces voûtes imposantes, que sont placés tous les monuments antiques, en pierre et en marbre, contemporains du Palais, et parmi lesquels nous devons citer, en première ligne, les autels gaulois trouvés à Notre-Dame de Paris, et la statue en marbre de l'empereur Julien proclamé, en 360, au palais des Thermes même, en renvoyant au catalogue du musée pour l'étude de cette importante collection qui présente le plus complet intérêt archéologique.

En sortant de la grande salle des Thermes par l'extrémité opposée, on arrive à la partie de l'ancien palais romain dont les voûtes ont été détruites; de chaque côté, se voient encore les niches qui décoraient la salle des bains chauds; les hypocaustes ou fourneaux destinés à chauffer les eaux sont conservés plus bas, derrière une grille, et sous le boulevard Saint-Michel.

A gauche et à droite de cette salle antique, dont les murs seuls existent encore aujourd'hui, s'ouvrent les jardins qui entourent les ruines de l'ancien palais des Césars et l'hôtel de Cluny, construit sur une partie de ses ruines.

De grands caveaux, de construction romaine, s'étendent au-dessous de ces jardins, et plusieurs grilles en défendent les entrées. Les jardins eux-mêmes constituent un véritable musée en plein air. De nombreux monuments et des fragments importants des douzième, treizième, quatorzième et quinzième siècles y sont conservés, et leur disposition sur les pelouses, au long des allées et des massifs, présente un aspect des plus pittoresques. Le porche des bénédictins d'Argenteuil, monument tout entier, rapporté d'Argenteuil, et réédifié pierre à pierre, les débris de l'ancienne collégiale de Cluny, ceux de la Sainte-Chapelle, des figures et statues de toute provenance, la plupart des quatorzième et quinzième siècles, et enfin la grande croix en fer rapportée de Sébastopol, arrachée du sommet de l'église de Saint-Vladimir, et donnée par le maréchal duc de Malakoff, complètent cette immense réunion de monuments et de souvenirs historiques, naguère encore épars de côté et d'autre, voués à une destruction presque certaine, et dont la conservation, associée désormais à celle du palais des Thermes et de l'hôtel de Cluny, se trouve à tout jamais assurée.

Après avoir parcouru les jardins, dans la direction opposée aux ruines des Thermes, le visiteur repasse devant la façade de l'hôtel de Cluny, suit la dernière allée à droite jusqu'à son extrémité, et, traversant un élégant portique en pierre sculptée, provenant de l'ancienne maison de la reine Blanche, se retrouve dans la Cour d'honneur.

Vue générale du Conservatoire des Arts et Métiers,

CONSERVATOIRE

DES ARTS-ET-MÉTIERS

MUSÉE DES MACHINES

Musée des machines.—Conservatoire des Arts-et-Métiers, rue Saint-Martin, 292, visible gratuitement les *dimanches* et *jeudis*, de dix heures à quatre heures;

La Bibliothèque du Conservatoire est ouverte au public, tous les jours, excepté le lundi, de dix à trois heures, et de sept heures et demie à dix heures du soir.

Itinéraire. — Le Conservatoire des Arts-et-Métiers occupe l'emplacement de l'ancien prieuré de Saint-Martin des Champs; il est aujourd'hui complétement transformé. On y pénètre par une belle grille qui vous conduit à un portail d'architecture moderne, surmonté d'un fronton des plus élégants.

Le bâtiment se compose de trois ailes principales, aile du nord, aile du centre et aile du sud; dans l'ancienne église, à droite, se trouve la galerie d'essais, où de nombreuses machines sont en mouvement. Remarquer, en face du Conservatoire, le nouveau square des Arts-et-Métiers, au centre duquel se trouve une gracieuse statue *de la Victoire*.

CATALOGUE DU MUSÉE

Aile du Nord. — PREMIER ÉTAGE. — 1° Galerie des vieux modèles, comprenant d'anciens modèles de machines, parmi lesquels on distingue ceux des machines hydrauliques de Marly, de Genève, de Bicêtre, etc.

2° Galerie d'appareils de chauffage et d'éclairage.

3° Galerie des arts de production : typographie, lithographie, photographie, galvanoplastie.

4° Galerie d'optique ; des appareils divers sont montés dans une chambre noire, et fonctionnent devant le public, quand le temps est favorable.

5° Galerie d'acoustique.

6° Galerie de céramique, où se trouvent des pièces remarquables, notamment la *Coupe du travail*, en biscuit de porcelaine, donnée au Conservatoire par la manufacture de Sèvres, et représentant, en bas-reliefs, les opérations de différents arts et métiers.

7° Galerie de produits chimiques.

8° Galerie de modèles de l'art des constructions.

Aile du centre. — REZ-DE-CHAUSSÉE. — 1° Les salles de géodésie, d'horlogerie. La Galerie des poids et mesures, contenant une riche collection d'instruments et des mesures françaises et étrangères.

2° Salle-écho, dans laquelle se trouvent les modèles des appareils qui ont servi à élever l'obélisque de Luxor.

3° Galerie de métallurgie.

4° Galerie de machines des arts textiles, de la teinture et de l'impression des tissus. Dans cette galerie, figure le beau métier de Vaucanson, type primitif des métiers construits depuis par Jacquard.

5° Galerie des produits agricoles provenant, pour la plupart, des expositions universelles de 1851, 1855 et 1867.

PREMIER ÉTAGE. — Galerie latérale du côté du jardin.

1° Série des modèles et dessins relatifs à l'enseignement de la géométrie descriptive, de la coupe des pierres, des engrenages, de la charpente, et des appareils pour mesurer, compter et dessiner.

2° Galerie dite des chemins de fer.

3° Galerie de cinématique, ou mécanique géométrique, contenant une collection complète des appareils d'observation, employés pour l'étude expérimentale des machines de l'industrie.

4° Grande galerie renfermant les modèles des machines motrices, manéges, moulins à vent, roues hydrauliques et machines à vapeur.

5° Galerie des tours et outils, au nombre desquels figurent le tour exécuté par Mercklein, dont se servait le roi Louis XVI, et un tour à portraits, donné par le czar Pierre le Grand.

Aile du sud. — L'aile du sud se compose :

Au rez-de-chaussée, d'une riche collection de machines et d'instruments d'agriculture ;

Au premier étage, d'une riche collection d'instruments de physique, de machines électriques, d'une série complète d'appareils télégraphiques, et d'une belle galerie d'horlogerie.

En dehors de ces richesses, le Conservatoire met encore à la disposition du public, tous les jours, excepté le lundi, de dix heures à quatre heures :

1° Sa bibliothèque, contenant 17,000 volumes, tous relatifs aux sciences, aux arts et à l'industrie ;

2° La galerie du Portefeuille, où les ingénieurs, les constructeurs et tous les industriels peuvent aller étudier des dessins cotés à l'échelle, représentant les machines les plus nouvelles et les plus parfaites que l'industrie ait récemment produites.

3° Ses archives, qui renferment une grande partie des planches de cuivre ayant servi à la gravure du recueil des machines, publié par l'Académie des sciences; et plusieurs pièces d'un haut intérêt, telles qu'un grand nombre des épures de Vaucanson, et la lettre autographe par laquelle Fulton offrait au gouvernement français de lui céder son invention de la navigation à vapeur.

MUSÉE DE VERSAILLES. — A Versailles; Sculptures et peintures. Ouvert tous les jours de midi à quatre heures, excepté le lundi. Pour les renseignements sur ce Musée, consulter notre *Guide des Environs de Paris.*

VERSAILLES.

Le bassin de Neptune.

MUSÉE D'HISTOIRE NATURELLE. *Muséum.* — (Voir Jardin des Plantes; consulter notre guide ; *Paris en poche* pour le catalogue et les jours d'entrée.)

MUSÉE D'ARTILLERIE. — Aujourd'hui au Palais des Invalides. Le musée d'artillerie est visible le *dimanche* de midi à 3 heures; — le *mardi*, aux mêmes heures, mais avec une permission du Ministre de la guerre, la demande sera adressée ensuite au directeur du Musée.

Le musée d'artillerie, comprendra trois divisions : *armes défensives, armes offensives, artillerie.*

Pénétrez dans le musée par la porte principale de l'Hôtel des Invalides, et prenez de suite l'allée à droite, vous conduisant dans une petite pièce où sont des canons contre le mur, chaînes, etc.

Elle communique à la cour d'Angoulême, où sont rangés des canons, des bombardes et, notamment, la grande Couleuvrine d'*Ehrenbreistein*, en face Coblentz, 1528, et un canon chinois montés sur leurs affûts. D'autre part, bouches à feu de différentes grandeurs et ancres énormes dressées contre les murailles, canons pris sur l'ennemi, etc., etc.; puis, passage couvert garni de bouches à feu, placées suivant l'ordre chronologique, depuis le XIVe siècle, et alignées verticalement; remarquer des portières d'embrasures russes, provenant du siége de Sébastopol, 1855.

Sans sortir de ce passage, entre la cour d'Angoulême et la cour de la Victoire, prenez à gauche :

Deux galeries se font face ; prenez d'abord celle de droite, et entrez dans la salle des armures. A droite et à gauche, contre les parois des murs ornés de drapeaux, armures d'hommes d'armes. Devant vous, au centre, premier rang, des armures de chevaliers.

N° 1 G. — Armure complète d'homme et de cheval du XVe siècle, sous Charles VII de France.

N° 117. — Armure pour combattre à pied, du commencement du XVIe siècle.

N° 118. — Armure pour combattre à pied, entièrement fermée, faite à l'imitation, comme celle qui précède, du costume civil du commencement du XVI° siècle.

Armures des rois de France et des hommes célèbres; armures placées, par ordre chronologique.

Sous vitrine, casques, rondaches, épées du plus beau travail du XVI° siècle ; au fond de la salle, selles, et vastes panoplies d'armes, surmontées de drapeaux.

Sorti de cette galerie, passez dans la seconde, qui vous fait face ; là, sur de vastes tables, collections de tous les modèles de canons, machines, engins de guerre, de tous les systèmes et ordonnances, même des copies de modèles de l'artillerie, du temps de Charles le Téméraire (les originaux se voient à Neuveville, en Suisse, 1476) ; armures, drapeaux, etc. Au fond de cette galerie, panoplies, drapeaux, armures.

D'autres salles vont être disposées pour l'exposition des

LES INVALIDES

Le Tombeau de l'Empereur.

armes à feu, et des armes blanches, depuis les époques les plus reculées jusqu'à nos jours, comme elles étaient établies, avant 1870, au musée d'artillerie, sur la place et près l'église Saint-Thomas-d'Aquin.

Nota. — Avoir bien soin, à votre sortie du musée, de profiter de votre présence aux Invalides pour visiter le monument et le tombeau de l'Empereur. Pour la description du Palais et du tombeau de l'Empereur, consulter notre guide à Paris : *Paris en poche.*

MUSÉE CARNAVALET, 23, rue de Sévigné (rive droite), près de la place Royale. Ce musée en voie de formation va être ouvert au public.

La bibliothèque de la Ville (tout ce qui a pu être sauvé de l'incendie,) y est installée définitivement.

Renseignements. — C'est dans cet hôtel que seront déposées des collections artistiques et géologiques qui doivent former le Musée *municipal* de la Ville de Paris. Ce musée à la fois archéologique et historique comprendra uatre âges bien distincts :

1° Ages *anté-historiques* débris d'animaux disparus, armes en silex, etc.

2° Période *gallo-romaine* : ustensiles nombreux, bijoux, tombes, etc. ; plan des arènes et des Thermes de la rue Gay-Lussac.

3° *Moyen-âge, Renaissance* et jusqu'en 1789 : plans, dessins, gravures, médailles, tableaux, modèles en relief, etc., rappelant les divers aspects de Paris, les édifices publics, les maisons particulières, les costumes des Parisiens, les coutumes et les cérémonies. La majeure partie des tableaux et objets d'art qui composaient cette série historique a été détruite dans l'incendie de l'Hôtel-de-Ville.

4° *Époque contemporaine :* médailles commémoratives, statues, modèles et projets de toute nature.

Historique. — L'hôtel Carnavalet, classé parmi les monuments historiques, fut acquis en 1572 par Mme de Kernevenoy (par corruption Carnavalet), de M. Jacques de Lignerie, seigneur de Crosnes, Président du Parlement de Paris.

L'architecte Bullant (XVIe siècle) l'avait bâti, sur les dessins de Pierre Lescot; Jean Goujon y fit les gracieuses sculptures de la façade ; c'est à son école qu'on doit aussi les figures colossales des quatre saisons qui décorent la façade du fond de la cour intérieure ; les huit autres sculptures sont de Van Opstal, sculpteur du XVIIe siècle. Enfin cet hôtel fut restauré par Mansart au XVIIe siècle.

Cet édifice dont la façade regarde l'Orient, forme un quadrilatère à peu près régulier, au milieu duquel est la cour d'honneur ; derrière est le jardin qui, avec les bâtiments, contient à peu près 2,500 mètres.

Mais ce qui fut surtout la cause de la célébrité de cet hôtel Carnavalet, c'est qu'il fut l'habitation de la Marquise de Sévigné qui en prit possession en octobre 1677.

Ce fut là le rendez-vous de toutes les célébrités du XVIIe siècle et que se réunirent les femmes de goût et d'esprit qui, sous l'inspiration de la spirituelle et charmante maîtresse du lieu, donnèrent le ton à toutes les sociétés, et à toutes les cours de l'Europe ; et c'était le bon temps, on croyait encore à Dieu, à son Roi et aux femmes.

Après la révolution de 1793, les bureaux de la Direction de la Librairie furent installés pendant quelques années dans cet hôtel ;

L'École des ponts et chaussées y fut ensuite établie par Napoléon Ier.

En 1829, elle fut remplacée par une des principales institutions du collége Charlemagne.

M. Verdot qui en était le chef, vendit, en février 1867, cet Hôtel à la Ville de Paris qui le fait restaurer en lui conservant religieusement son caractère de l'époque de Mme de Sévigné.

MUSÉE DES ARCHIVES NATIONALES, au Palais des Archives (rue des Francs-Bourgeois, rive droite, au Marais); ouvert au public, le dimanche, de *midi* à *trois* heures;

Musée des plus curieux et des plus intéressants.

Description. — C'est dans l'élégant palais des princes de Rohan-Soubise, devenu, lors de la grande révolution, *propriété nationale*, qu'ont été recueillis les documents précieux de l'histoire authentique de la France, histoire écrite au jour le jour, et qu'ont été formés les musées de paléographie et de sigillographie.

Après avoir traversé une vaste cour embellie par la verdure et des fleurs, et entourée d'une gracieuse colonnade, on arrive à un vestibule au fond duquel on a commencé l'installation d'un musée sigillographique, non encore complet.

Au premier étage sont disposés dans six salles, sous des vitrines fermées, les chartes et documents historiques les plus curieux que possèdent les Archives nationales.

Une première salle, l'ancienne salle des Gardes, contient les titres mérovingiens, carlovingiens et capétiens directs.

Sous la vitrine du second dressoir, dès l'entrée, vous remarquerez un papyrus carlovingien, d'un âge respectable, il est daté de 625.

C'est la confirmation par Clotaire II d'un don fait à l'abbaye de Saint-Denis, d'un terrain situé à Paris : suivent d'autres papyrus avec les signatures de Dagobert et de Saint-Éloi.

Puis des parchemins à jeter dans le ravissement les lettrés, les paléographes et même les simples curieux.

Signalons le registre du Conseil du Parlement, où se trouve la plus ancienne mention qui soit faite de Jeanne d'Arc, avec un dessin à la plume de l'héroïne, tracé par le greffier, et d'autres registres ornés de peintures et de dessins aussi élégants que curieux.

La collection des diplômes et chartes est une des plus riches que l'on connaisse.

Voici, par exemple, deux codiciles du roi saint Louis, en date de 1270; l'un, écrit à bord de son vaisseau sur les côtes de Sardaigne; l'autre, écrit devant Carthage : la promesse de Marguerite sa femme de se conformer au testament du roi (1241). Puis dans des salles consacrées aux Valois, aux Bourbons, et ornées de peintures de Vanloo, Restout et La Trémollière, la lettre de François Ier à Charles-Quint pour l'engager à prendre passage par la France; le contrat de mariage du dauphin François II avec Marie-Stuart, reine d'Ecosse (19 avril 1558); des lettres de Catherine, de Marie de Médicis, de Marie-Stuart, de François Ier, d'Henri IV, de Louis XIII, de Louis XIV, d'Anne d'Autriche, etc., etc. l'inventaire des biens-meubles de Gabrielle d'Estrées, des lettres des cardinaux de Richelieu, de Mazarin, etc., etc.

Ensuite, dans une salle à balustrade dorée, ornée de deux charmantes peintures de Boucher, ayant servi de chambre à coucher à la princesse de Soubise, est une grande vitrine en bois d'ébène où, d'un côté est le testament de Louis XVI, fait au Temple, le 29 décembre 1792 et, de l'autre côté, la dernière lettre de la reine Marie-Antoinette, écrite à la Conciergerie le 16 octobre 1793.

On passe ensuite dans l'élégant salon octogone de la princesse, orné de délicieuses peintures dues au pinceau de Natoire, et représentant l'histoire de Psyché, de médaillons dorés et de fleurs. Il faudrait un volume pour décrire tous es autres titres et chartes composant cette riche collection qui, heureusement, a échappé aux communards; qu'il vous suffise de savoir que chaque pièce énonce, par une étiquette sommaire, ce qui doit intéresser le visiteur, et que dans plusieurs salles on trouve sur un pupitre, un inventaire se rapportant, par les numéros et par les dates, auxdites pièces, inventaire qu'il est permis à chacun de consulter.

Dans unes des vitrines de ce salon octogone, est un document fort curieux, les listes des personnes invitées à la cour de Louis XVI et des lettres et pièces concernant l'Assemblée nationale, la déclaration des droits de l'homme et du citoyen , la constitution de 1791, la pièce où est transcrit le serment du roi Louis XVI devant l'Assemblée nationale, pour l'acceptation de ladite constitution, etc., etc.

Il y a encore, dans les dernières salles, les tristes documents de l'époque si intéressante de la révolution de 1789 à 1793, notamment le registre portant la signature de tous ceux qui prirent part au célèbre serment du Jeu de Paume.

On y remarquera aussi : 1° une longue table tachée de sang, qui fut placée dans la salle du Comité de salut public, aux Tuileries, et sur laquelle Robespierre, qui avait tenté de se suicider, fut déposé pendant la nuit du 7 au 10 thermidor an II, après qu'il eut été rapporté de l'Hôtel-de-Ville ;

Et 2° un grand tableau, sur toile, qui ornait une des salles des Archives judiciaires établies dans la Sainte-Chapelle, il y a quelques années, intitulé *Typus religiosus*, tableau pris dans la maison des Jésuites de Billom, près de Clermont-Ferrand, lors du procès qui leur fut intenté et par suite duquel ils furent bannis de France, en 1762.

Viennent ensuite d'autres grandes et belles salles contigues au Musée, où l'on conserve les Archives nationales, mais que l'on ne peut visiter qu'avec une permission spéciale.

« Au premier abord, on n'est que médiocrement attiré vers » ces papiers ternes et jaunis. Mais on se penche, on lit, on » est intéressé, on est ému et l'on se trouve comme entraîné » de table en table à travers l'histoire.

» Il semble que tous ces vieux papiers s'animent et s'a- » gitent sous leurs vitrines ; le parchemin parle, et l'on » croit entendre comme un écho lointain de tribuns et de » champs de bataille. Il se produit, pour ainsi dire, un grand » mirage historique ; mille figures imposantes viennent se » dresser devant vous, et vous voyez passer tout un cor- » tége de rois, de patriotes et de héros.

» Il s'opère comme un retour des siècles écoulés et comme » une résurrection des générations éteintes. . . . . .

Vue générale de l'Hôtel des Monnaies.

MUSÉE DES MONNAIES. — quai Conti, 11, à l'hôtel des Monnaies.

Le Musée des Monnaies est visible les **mardis** et **vendredis**, de midi à trois heures.

Précieuse collection de poinçons, coins, médailles et jetons frappés depuis Charlemagne jusqu'à nos jours.

Pour l'achat des médailles comprises au catalogue, s'adresser au bureau de vente audit hôtel, à gauche en entrant.

Le Musée monétaire se compose :

1° Des médailles frappées depuis Charlemagne jusqu'à nos jours; 2° de jetons particuliers; 3° de monnaies comparées avec celles de tous les peuples; 4° de modèles de matrices et de monnayage; des médailles du Consulat et du premier Empire.

1er étage. — Vestibule, spécimen de la fonte, du laminage de l'or, de l'argent et du bronze.

Grande salle. — Ornée de vingt colonnes corinthiennes stuquées.

On y remarque dans des vitrines : 1° des médailles depuis Charles VIII jusqu'à notre époque; 2° des jetons particuliers; 3° des monnaies françaises et étrangères.

A gauche de l'entrée, modèles de poinçons, bigornes, etc.; *cabinet* des timbres-poste. — A droite, étalons des poids et mesures, et bureaux de l'Administration. A droite de la cheminée, instruments ayant servis à l'ancien monnayage; à gauche, tout ce qui regarde l'affinage et l'analyse des métaux.

Au-dessus de la cheminée, Louis XVIII (médaillon).

A gauche de la cheminée, **cabinet** renfermant ce qui est nécessaire à l'essayage des métaux.

Salle des fourneaux et machines.

Salle Napoléon. — Buste de Napoléon Ier par Canova (1800); masque en bronze de l'Empereur, moulé vingt-quatre heures après sa mort. Face à face, deux gravures à la manière noire: Napoléon au retour de l'île d'Elbe et Napoléon au lit de mort. Buste de Napoléon III (Desbœufs). Réduction en bronze de la colonne Vendôme, reproduction en cire des bas-reliefs qui la décorent.

Ateliers. — Machines spéciales pour les grosses médailles.

Salle des machines. — Deux machines à vapeur (force de trente-deux chevaux) servent à donner le mouvement aux machines des ateliers.

Salle des fourneaux pour la fonte, le coulage et le recuit des barres provenant de la fonte des métaux.

Grand atelier de laminoirs. Atelier des médailles.

L'atelier de l'or n'est visible que sur une autorisation spéciale.

Salle du monnayage. — Vingt-deux machines servent à frapper les monnaies d'or et d'argent. Quand les pièces ont été découpées à l'emporte-pièce et pesées, elles sont portées dans cette salle, où elles sont frappées par des presses qui donnent, d'un seul coup, face revers et tour cannelé. Chaque pièce frappée sort sous vos yeux par un conduit et va tomber avec les autres. On frappe soixante pièces par minute ; par jour, de vingt-six à vingt-sept mille pièces.

On vous fait voir une machine en bronze provenant des canons d'Austerlitz et servant à frapper des pièces et des médailles.

Au fond de la salle est le bureau du contrôle.

MUSÉE EUROPÉEN, (*Dit des copies*). Palais de l'Industrie, Champs-Elysées. — Pavillon sud-est du Palais, l'entrée est porte n° 11. Ouvert tous les jours, de midi à 4 heures.

Le musée européen, de nouvelle création, se compose des copies des tableaux des grands maîtres de tous les pays, et en particulier des maîtres anciens. Toutes les écoles y sont représentées, et les tableaux, en nombre assez considérable, sont classés dans sept salles différentes, selon l'école à laquelle ils appartiennent.

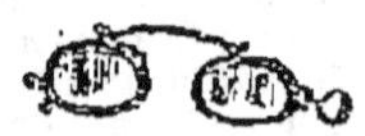

MUSÉE TYPOGRAPHIQUE (*Imprimerie nationale*), rue Vieille-du-Temple, 89. *Visible le jeudi, à deux heures précises*, avec billets délivrés par le directeur. (*Passé deux heures, les ateliers ne peuvent plus être visités.*)

Ce fut le cardinal Richelieu qui fonda, en 1642, l'Imprimerie royale, et l'installa dans une partie du rez-de-chaussée du Louvre.

Transférée ensuite rue de la Vrillière, hôtel de Toulouse, local aujourd'hui occupé par la Banque de France, elle fut, en dernier lieu, établie rue Vieille-du-Temple, dans l'ancien palais du cardinal Armand-Gaston de Rohan, évêque de Strasbourg.

Remarquez, au centre de la *cour d'honneur*, la statue en bronze de *Guttenberg*, inventeur de l'imprimerie, par David, d'Angers, et, dans la *cour de la fonderie*, un bas-relief, *Chevaux à l'abreuvoir*, par Coustou.

Imprimerie Nationale. — L'imprimerie nationale occupe environ mille ouvriers. Elle possède une collection unique de types orientaux. Elle est chargée, exclusivement, de l'impression des actes et documents officiels du Gouvernement, et des livres d'art et de science que l'État fait publier à ses frais.

On vous fera voir les ateliers de fonderie et d'ajustage des caractères, la clicherie, l'imprimerie, les presses, l'atelier de séchoir, les grandes machines à vapeur et les ateliers de satinage, de réglure, de rognure et de brochage.

Nota. — Pour visiter le cabinet des poinçons, la bibliothèque et le bel ouvrage l'*Imitation de Jésus-Christ*, qui a obtenu la grande médaille d'honneur à l'Exposition de 1855, il faut adresser à M. le directeur un demande spéciale, et pour un autre jour que le jeudi.

MUSÉE MINÉRALOGIQUE, à l'École nationale des mines, boulevard Saint-Michel, au bout de la grille du Luxembourg, sur le boulevard, à droite.

Entrée publique par la porte principale, les *mardis, jeudis* et *samedis*, de 11 heures à 3 heures.

Riche en précieuses collections. Classification minéralogique de la France par départements. Collections géologiques et paléontologiques. Collection de modèles et de métallurgie. Cette dernière collection est ouverte les *mardis, jeudis* et *samedis*, mais seulement de 1 heure à 3 heures.

MUSÉE D'ANATOMIE COMPARÉE, rue de l'École-de-Médecine, 12, à l'École-de-Médecine, ouvert seulement aux étudiants et aux médecins, *tous les jours*, de 11 heures à 4 heures, le dimanche excepté.

La statue qui vous fait face, en pénétrant dans la cour de l'École de médecine, est celle du célèbre *Bichat.*

Le musée d'anatomie, collectionné dans quatre salles, est ainsi divisé :

1° *Organes de la vie extérieure* (statue en marbre, de Georges Cuvier); 2° *Organes de la vie intérieure ;* 3° *Organes de la génération* (statue d'Apollon du Belvédère, type de la beauté humaine); 4° *Développement des organes.*

Dans une des salles d'exposition, se trouve le *fac-simile* en cire de *Bébé*, le fameux nain de Stanislas, roi de Pologne. Dans l'escalier, statue de Bichat.

MUSÉE DUPUYTREN, rue de l'École-de-Médecine, 15, ouvert *tous les jours, excepté le dimanche*, de 11 heures à 3 heures, seulement aux étudiants et médecins munis de cartes.

A l'entrée, statue d'*Ambroise Paré*, le célèbre chirurgien de Charles IX (seizième siècle).

Riche en précieuses collections d'anatomie pathologique humaine, fondé par Dupuytren ; cabinet de physique des plus rares et collection des crânes des criminels les plus célèbres.

Nota. — Les étrangers non porteurs de cartes qui voudraient voir le Musée doivent s'adresser au concierge du Musée, avant 11 heures et après 3 heures.

C'est à droite du musée Dupuytren que se trouvent les salles de dissection.

MUSÉE
DES
MÉDAILLES ET ANTIQUES

BIBLIOTHÈQUE NATIONALE, rue de Richelieu, en face du square Louvois.

Jours d'entrée. — La bibliothèque est ouverte tous les jours au public (pour l'étude seulement, de 10 heures à 4 heures).

Le Musée des médailles et antiques n'est visible que le *mardi*, de 10 heures et demie à 3 heures et demie. (Entrée particulière rue de Richelieu.)

Renseignements généraux. — La Bibliothèque est divisée en quatre départements:

1° *Le département des Imprimés, auquel est annexée la section des Cartes et Collections géographiques;*

2° *Le département des Manuscrits;*

3° *Le département des Estampes;*

4° *Le département des Médailles et Antiques.*

Les travaux de reconstruction de la Bibliothèque, confiés à M. Labrouste, de l'Institut, sont à peu près terminés.

Les plus récents sont ceux de la longue et haute façade qui se présente sur la rue de Richelieu et dont l'entrée principale est vis-à-vis de la place Louvois.

La grande et belle salle de travail du département des Imprimés, où l'on n'est admis qu'avec une carte d'entrée, est de construction toute nouvelle et n'est ouverte que depuis 1867; placée au rez-de-chaussée, éclairée par le haut, elle offre aux travailleurs des places commodes et numérotées; le lecteur donne son numéro et le garçon du bureau lui apporte les ouvrages demandés.

Derrière la salle de travail sont d'immenses magasins en fer qui contiennent les innombrables volumes de ce département.

Du département des imprimés dépend une salle de lecture, d'ancienne construction, dont l'entrée est rue Colbert, et qui est ouverte, même le dimanche, aux lecteurs non munis de cartes.

Au premier étage sont le département des Manuscrits et la section des Cartes et Collections géographiques, installée provisoirement dans une galerie longue et trop étroite où cette importante division de la Bibliothèque n'a pas assez d'espace; elle sera probablement portée définitivement dans la salle des deux énormes globes terrestres et célestes qui sont l'œuvre de Coronelli, et qui occupent à côté de la Bibliothèque publique de la rue Colbert, une grande partie d'un rez-de-chaussée et d'un premier étage.

On arrive aux Manuscrits et aux Cartes par la vaste et magnifique *galerie Mazarine*, qui était en réparation depuis longtemps et qui vient d'être débarrassée (en 1872) de ses échafaudages, pour offrir de nouveau aux regards son admirable plafond peint par *Romanelli*, et sur ses quatre faces, les ornements tels qu'ils avaient été faits sous Mazarin. La restauration de ces ornements et de toutes les peintures de la galerie est due à M. *Degoffe* et a été exécutée avec beaucoup de talent.

Dans une pièce qui précède la galerie se trouve un remarquable petit monument de sculpture en bois et bronze, appelé le *Parnasse*, couronné par la statue de Louis XIV sous la figure d'Apollon et parsemé, sur son pourtour, de statues de poëtes et de musiciens célèbres.

Le plan en a été conçu par *Titon du Tillet*, riche amateur qui avait chargé de ce travail le sculpteur Louis Garnier.

Le département des Estampes est au rez-de-chaussée, du côté de la salle de travail des Imprimés, et comprend, comme salle principale, une belle galerie qui règne au-dessous de la galerie Mazarine.

Musée des médailles et antiques. — Ce magnifique Musée, visible le mardi seulement, de 10 heures et demie à 3 heures et demie, a son entrée rue de Richelieu, presque en face du square Louvois. Il faut sonner à une petite porte près de laquelle on lit ces mots: *Secours aux blessés*.

Description. — A votre entrée, vous vous dirigez à droite vers un petit escalier tout autour duquel sont des inscriptions sur pierres appliquées aux murs. — Stèles et inscriptions grecques. — Inscriptions grecques, romaines et chrétiennes, coptes, phéniciennes. — Deux vases provenant de fouilles du duché de Céri (1845), donnés par le prince Torlonia.

Au haut de l'escalier, vous voyez deux galeries; visitez d'abord celle de gauche, la plus considérable, désignée ainsi : Médailles et Antiques. Tout y est rangé et classé admirablement. Tout autour, dans des vitrines, des statuettes, bustes, vases, plats, aiguières, conques, verreries, lampes, casques, armes, fers de lance, haches, ustensiles, etc., etc. Dans une vitrine spéciale, à droite en entrant, objets précieux, statuettes égyptiennes.

Nota. — Dans une des hautes vitrines, contre les murs de droite et vers le centre, vous remarquerez un grand plat d'argent, comme oxydé, connu sous le nom de Bouclier de Scipion, — les bas-reliefs représentent l'enlèvement de Briseïs par les ordres d'Agamemnon. On a trouvé ce plat en 1656 dans le Rhône, non loin d'Avignon (Vaucluse).

Au centre de la galerie, sont des vitrines-tables.

1re *Vitrine*. — Après la porte d'entrée : cylindres, cônes scarabéides et intailles de la Syrie, de l'Assyrie, de la Chaldée et de la Perse ; après quoi, siége du roi Dagobert (qui figurait au Musée des souverains): ce siége, adossé à un support surmonté d'un buste antique, en-dessous duquel est une pierre de forme carrée avec figures, et cette légende : MEAITTA.

2e *Vitrine*. — Intailles antiques. — Intailles et Camées modernes. — Sujets religieux. — Iconographie moderne.

3e *Vitrine*. — Camées antiques magnifiques.

4e *Vitrine*, oblongue, presque au milieu de la galerie, c'est la plus riche en objets précieux.

On y admire : camées, onyx, bagues, cachets, tout autour d'une vitrine splendide où sont : le buste de Constantin, —

la médaille en or d'Eucratide, roi grec de la Bactriane, — la patère de Rennes, en Bretagne; les médaillons d'or qui ornent le rebord représentent des empereurs et impératrices; la nef ou vase antique de sardonyx, avec monture du moyen-âge, — l'Apothéose d'Auguste, grand et magnifique camée, — de grandes médailles d'or, don de Napoléon III; — le trésor de Gourdon, — chaînes et médailles en or; — la coupe de Chosroës Ier, dynastie des Sassanides, — canthare ou vase dionisyaque, coupe des Ptolémées, colliers et plaques en or, bandeau d'or antique, etc., etc.

5e *Vitrine.* — En travers; Médailles romaines. As romains et italiques, en or, argent et bronze.

6e *Vitrine.* — Médailles grecques (Europe) en or, argent et bronze; médailles grecques (Asie) idem.

7e *Vitrine.* — Médailles, vases, ivoires, pierres, marbres, médaillons, épée, coffret, sceaux en cuivre, et empreintes des sceaux en cire rouge.

8e *Vitrine.* — Médailles en bronze, or et argent, monnaies françaises, royales, baronniales; monnaies étrangères.

Grandes médailles françaises en bronze, argent et or, médailles étrangères, idem.

9e *Vitrine.* — Vases, plats avec reliefs, ustensiles divers, statuettes, dont une représentant un Mercure en argent; aiguières sous la rubrique suivante :

Trésor du Sacellum (petit temple) de Mercure Canetonensis (à Canetum), trouvé en 1830, au Villeret, près Berthouville, arrondissement de Bernay (Eure).

Au fond de la galerie, sur des armoires figurées, bustes antiques.

Au centre de ce fond, belle armoire en laque de Chine.

A la droite, est une vitrine où se trouve le moulage des armes et bijoux d'un chef barbare, trouvés sur un champ de bataille à Tonan (Aube), don de M. Peigné de Lacour 1867).

Cette vitrine est surmontée du buste de M. Lenormant, ancien conservateur du Musée des Antiques.

A la gauche, sous vitrine, figuront armes anciennes e autres objets provenant de fouilles, trouvés en 1653 dans le tombeau de Childéric Ier, roi de France en 481, dans l'église de Saint-Brice, à Tournai (Belgique).

Au-dessus de cette vitrine est le buste de l'abbé Barthélemy, le savant auteur du *Voyage d'Anacharsis en Grèce.*

Au retour du fond de la galerie, on voit à droite des vitrines-pupitres où sont des cachets, plaques, bagues, camées, figures provenant de fouilles.

Des ivoires sculptés, sujets, la plupart, religieux.

Dans la dernière, près la porte d'entrée, on voit dans le bas de la vitrine un météorolithe d'une forme ovale avec inscriptions et figures diverses, provenant de fouilles faites à Bagdad (Turquie d'Asie). Il est connu sous le nom de *Monument babylonien.*

COLLECTIONS DE LUYNES.

Don du duc de Luynes à la Bibliothèque nationale.

Salle à droite du corridor d'entrée.

Au fond de la salle : torse colossal de femme (en marbre), acheté par M. le duc de Luynes en Italie. Tout autour de cette salle et sous vitrines : armures, fragments d'armes provenant de fouilles ;

Vases, anneaux, statuettes, camées, bustes, médailles, etc.

Pareillement sous vitrines, dans le parcours de la salle : intailles antiques orientales, cylindres de l'Assyrie, de la Perse, etc.

Antiquités diverses, images, pierres, inscriptions, médailles grecques (Europe, Asie, Afrique), et médailles gauloises en or, en argent et en bronze.

Belle et grande armoire de Chine, avec figures et dessins formant relief.

TABLE DES MATIÈRES

Suivant leur ordre dans le Guide.

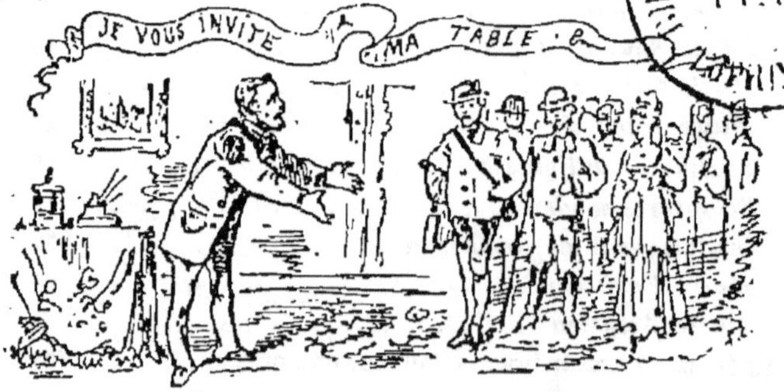
JE VOUS INVITE À MA TABLE

Paris. — Imp. A. Chaix et Cie. —

www.ingramcontent.com/pod-product-compliance
Lightning Source LLC
LaVergne TN
LVHW021719230826
846091LV00003BA/966

* 9 7 8 2 0 1 3 6 2 0 8 3 3 *